lebe.jetzt
LIEBE BEZIEHUNG SEX

Arne Hoffmann

Bondage

Die Kunst des erotischen Fesselns

Erotik-Ratgeber

LEBE.JETZT HARDCOVER
BAND 527
1. AUFLAGE: MAI 2019
2. AUFLAGE: DEZEMBER 2020
3. AUFLAGE: NOVEMBER 2024

VOLLSTÄNDIGE BUCHAUSGABE
ORIGINALAUSGABE

LEBE.JETZT IST EINE MARKE VON

LEKTORAT:
MARIE GERLICH

UMSCHLAGGESTALTUNG: WWW.HEUBACH-MEDIA.DE
GESETZT IN DER TRAJAN PRO,
ADOBE GARAMOND PRO & CORPORATE S

PRINTED IN GERMANY
ISBN 978-3-7507-3956-7
WWW.BLUE-PANTHER-BOOKS.DE

Inhalt

Liebe Leserin, lieber Leser,

Bondage, also seinen Partner zu fesseln oder von ihm gefesselt zu werden, gehört nicht erst seit dem Welterfolg von »Fifty Shades of Grey« zu den erotischen Lieblingsfantasien vieler Menschen. Manche möchten ihre Fantasie gern in die Tat umsetzen, sind sich aber unsicher, was sie dabei beachten müssen. Diese Unsicherheit ist kein schlechtes, sondern ein gutes Zeichen – denn es gibt überraschend viel, worauf du beim Bondage achten solltest, um ernsthafte gesundheitliche Risiken zu vermeiden. Jemand, der seinem Partner ohne viel Ahnung von der Sache selbst ausgedachte Fesselungen anlegt, kann ihm damit ungewollt großen Schaden zufügen.

Dieses Buch klärt dich über alles auf, was es in dieser Hinsicht zu wissen gibt. Es verrät dir, wie du deinen Partner auf ganz unterschiedliche Weise in Fesseln legen kannst, welche Vor- und welche Nachteile die verschiedenen Methoden haben und worauf du achten musst, damit nichts schiefgeht. Dabei werden du und dein Partner als erwachsene Menschen angesprochen, die selbst entscheiden können, welchen Risiken sie sich aussetzen möchten und welchen lieber nicht. Auch über etwas ausgefallenere Techniken wie Mumifizierung, mentale Bondage, Predicament Bondage und Solo Bondage erhältst du Aufklärung, und du erfährst, warum diese Praktiken für viele Menschen besonders reizvoll sind.

Dabei ist dieser Ratgeber auf den folgenden Grundlagen entstanden:

- Er richtet sich insbesondere an Anfänger. Wenn du noch überhaupt keine Erfahrungen mit Fesseln hast, bist du hier richtig. Anspruchsvolle Fesselungen wie das japanische Shibari wird dieses Buch nicht behandeln – schon weil ich selbst davon keine Ahnung habe.
- Du wirst hier auch nichts darüber lernen, wie du spezielle Knoten knüpfst. Ich halte einen reinen Text dafür nicht gut geeignet. Dazu bräuchte man Bilder oder am besten Filme, wie du sie beispielsweise auf Youtube findest.
- Das Buch spricht dich fast durchgehend in der Rolle desjenigen an, der jemand anderen fesselt. Nur ein Kapitel gibt demjenigen Tipps und Ratschläge, der gefesselt wird.

Ich wünsche dir viel Spaß beim Lesen und der Umsetzung dieser Tipps. Auf dass jede deiner Fesseln genauso lange sitzt, wie sie sitzen soll!

Warum finden es manche Menschen erregend, gefesselt zu werden?

Erstaunlich viele Menschen geraten sexuell in Fahrt, wenn sie von ihrem Partner oder einem anderen Menschen gefesselt werden. Warum ist das eigentlich so? Wenn dieselben Menschen bei einem Banküberfall als Geiseln gehalten und dabei gefesselt würden, fänden sie das nicht im Mindesten erregend. Die Aussage, dass ein Banküberfall ernst und Bondage nur ein einvernehmliches Spiel ist, reicht nicht aus, um zu erklären: Was hat Gefesseltwerden mit erotischer Lust und mit Liebe zu tun?

Dabei ist diese Frage mehr als eine philosophische Gedankenübung. Sie hat ganz konkrete praktische Bedeutung zu Beginn dieses Ratgebers. Denn wenn du herausfinden möchtest, wie du Bondage für dich und deinen Partner zu einem wirklich tollen Erlebnis machen kannst, hilft es sehr, zu wissen, was genau euch beide dabei am meisten begeistert. Was erwartet ihr von einer solchen Erfahrung, was versprecht ihr euch davon? Falls dein Partner vor allem aus Grund A, C und D gefesselt werden möchte, es für dich dagegen um die Gründe B, E und F geht, ihr aber nie darüber sprecht, habt ihr womöglich nicht so viel Spaß dabei, wir ihr haben könntet. Die psychologischen Mechanismen sind hier zum Teil sehr verschieden, auch wenn mehrere davon zusammenwirken können.

Vielleicht mögt ihr euch also tatsächlich zu Beginn darüber unterhalten, was euch beim Fesseln den erhofften Kick gibt. Es kann sein, dass ihr dazu erst einmal selbst in euch hineinhorchen und euren Empfindungen nachspüren müsst, um das herauszufinden.

Zu den Dingen, die gefesselten Menschen Lust bereiten, gehören die folgenden:

- Die Person, die gefesselt wird, empfindet die körperlichen und seelischen Belastungen, denen sie dabei ausgesetzt wird, als so stark, dass in ihr dadurch die Ausschüttung körpereigener Botenstoffe wie Endorphine und Adrenalin ausgelöst wird, wie das auch in anderen Stresssituationen geschieht. Diese Stoffe führen zu einem genussvollen Rauschzustand, so wie beispielsweise Langstreckenläufer, Radsportler und Ruderer ein ›runner's high‹ erleben können. Sobald man die Wand der Mühsal durchbrochen hat, fühlt man sich also plötzlich *richtig* gut.

- Die betreffende Person windet sich in ihren Fesseln, kämpft dagegen an und versucht, sich loszureißen. Diese Aktivitäten verstärken ebenfalls ihre körperliche Erregung.

- Das Anlegen der Fesseln selbst kann eine lustvolle Erfahrung darstellen. Dieses Erlebnis beginnt damit, dass man spürt, wie zum Beispiel raues Seil, kühles Metall oder grobes Leder über die eigene nackte Haut streicht. Wenn die Fesseln dann noch über erogene Zonen und spezielle Lustpunkte wie die Klitoris führen und dort sanften Druck ausüben, heizt das die sexuelle Lust noch einmal besonders an.

- Die gefesselte Person kann sich komplett ihren sexuellen Empfindungen hingeben, ohne dafür Gefühle von Schuld und Scham zu empfinden – oder sich ständig fragen zu müssen, ob sie auch alles »richtig« macht und die eigene sexuelle Performance »ausreicht«. Sie überlässt die komplette Verantwortung für alles, was geschieht, ihrem Partner. Das kann ausgesprochen entlastend und damit ironischerweise auch befreiend sein.

- Die Bondage ist dabei kein Selbstzweck, sondern soll bestimmte weitergehende Handlungen ermöglichen: Beispielsweise können die Fesseln die Beine eines Menschen gespreizt halten, dessen Schoß dann sanft ausgepeitscht wird. Gäbe es die Fesseln nicht, würde er seine Schenkel reflexartig schließen. Zu anderen sexuellen Aktionen, bei denen es sehr günstig ist, dass der Partner gefesselt bleibt, gehören Kitzelfolter und Spiele mit Orgasmuskontrolle (dabei bringt ein Partner den anderen immer wieder an den Rand des Höhepunktes, bricht aber vorher ab). Bei all diesen Spielen entsteht beim »Opfer« eine starke Anspannung, die die betreffende Person gut kanalisieren kann, indem sie an ihren Fesseln zerrt.

- Menschen mit einer ausgeprägten masochistischen Ader genießen es, auf eine Weise gefesselt zu werden, die an sich schon schmerzhaft ist – auch ohne dass der Partner ihnen noch zusätzlich Schmerzen zufügt. In diesem Ratgeber gibt es ein eigenes Kapitel über die besonders unterhaltsame Variante solcher Fesselungen: sogenannte »Predicament Bondage«.

- Bondage kann auch Teil eines ausgefeilteren erotischen Rollenspiels sein. Manche Menschen, die auf Kliniksex stehen, bei dem sie beispielsweise den Patienten und ihr Partner eine Krankenschwester oder einen Arzt spielen, lassen sich mitunter gern mal ans Bett fesseln, in eine Zwangsjacke stecken oder Gipsverbände um Arme und Beine legen. Bei anderen Rollenspielen, in denen es um entführte Amazonen oder um Verhöre geht, leistet Bondage ebenfalls gut Dienste, damit sich das Ganze realistischer anfühlt.

- In diesen und anderen Fällen sind Fesseln der materielle Ausdruck der Unterwerfung unter einen anderen Menschen, die eigentlich auf der seelisch-emotionalen Ebene stattfindet. Fesseln machen diese Unterwerfung konkret und führen beiden Partnern kontinuierlich vor Augen, dass nur einer von beiden die Macht hat.

- Für Menschen, die gern gedemütigt und bloßgestellt werden, kann es besonders prickelnd sein, wenn sie nackt oder in einer entwürdigenden Position gefesselt werden und das hilflos »ertragen« müssen.

- Viele Menschen genießen es aber auch, von Fesseln verschiedenster Art umfangen und gehalten zu werden. Für sie sind Fesseln wie eine Umarmung, die ihnen Geborgenheit vermittelt.

- Für manche stellt es den ultimativen Ausdruck des Vertrauens in ihren Partner und in ihre Hingabe dar, sich von ihm fesseln zu lassen. »Ich liefere mich dir so sehr aus«, teilen sie ihm dadurch mit, »dass du alles mit mir machen kannst, und ich bin mir sicher, dass du das nicht missbrauchen wirst. Ich gehöre ganz dir.« Wenn man in diesen Bahnen denkt, stellt letzten Endes auch ein Ehering ein Symbol der (hier gegenseitigen) Bondage dar: Man erklärt sich freiwillig aneinander gebunden.

- Manchen Menschen helfen Fesseln sehr dabei, in einen angenehmen meditativen Zustand zu gelangen. Erst in dieser Situation, in der es nichts gibt, was sie tun können und was sie ablenkt, gelingt es ihnen, ihre Aufmerksamkeit nach innen lenken.

Für denjenigen, der fesselt, gibt es natürlich auch mehrere Gründe:

- Jemand, der seinen Partner fesselt, kann mit ihm (im zuvor vereinbarten Rahmen) alles anstellen, wozu er gerade Lust hat, solange diese Form der Fesselung das zulässt.

- Er empfindet einen enormen Stolz, weil sich ein anderer Mensch derart vertrauensvoll in seine Hände begeben hat.

- Oft ist ein nackter gefesselter Mensch auch schlicht ein reizvoller ästhetischer Anblick – erst recht, wenn man eine besonders hübsche Position für ihn gefunden hat.

Beim Bondage geht es anders als bei einer Geiselnahme und einem Kidnapping eben nicht nur darum, einen anderen Menschen so festzubinden, dass er sich nicht mehr von einem bestimmten Ort wegbewegen kann. Stattdessen ist der Vorgang des Fesselns selbst eine erotische Begegnung, an der (in der Regel) zwei Menschen mitwirken, jeder mit seinen eigenen Vorstellungen, Leidenschaften, Wünschen und Fantasien. Wie könnt ihr diese Erfahrung so sinnlich und lustvoll wie möglich gestalten? Darum wird es in diesem Ratgeber gehen.

Was ist gut geeignet, um deinen Partner zu fesseln?

Wenn ich in meinen Sex-Ratgebern schreibe, du »solltest« das oder das tun, dann versuche ich, mich auf solche Fälle zu beschränken, bei denen ein bestimmtes Verhalten eindeutig besonders empfehlenswert ist. In allen anderen Aspekten möchte ich dich als meinen Leser vor allem darüber informieren, welche Möglichkeiten dir zur Auswahl stehen und welche Vor- und Nachteile sie jeweils haben. Die Entscheidung bleibt letztlich dir und deinem Partner überlassen – denn ihr seid es ja auch, die die Konsequenzen dieser Entscheidung erleben. Dabei fängt eure Wahlfreiheit schon bei der Frage an, was du am besten verwendest, um deinem Partner Fesseln anzulegen.

Naheliegend ist, das zu verwenden, was du tatsächlich in Griffweite hast: also beispielsweise ein Halstuch, einen Schal, Strümpfe oder eine Krawatte. Solche Hilfsmittel sind praktisch, weil du sie dir nicht erst aufwendig besorgen musst, wenn dich die Fessel-Lust packt. Außerdem hast du vermutlich schon in dem einen oder anderen Film gesehen, wie so etwas zum Fesseln verwendet wurde – beispielsweise in ›Basic Instinct‹ mit Sharon Stone. Und wenn überraschend die Schwiegereltern zu Besuch kommen, braucht ihr solche Dinge im Gegensatz zu Seilen nicht extra zu verstecken. Nicht zuletzt fühlen sich diese Dinge auf der Haut sehr angenehm an.

Aber es gibt auch gute Gründe, die dagegen sprechen, solche Kleidungsstücke und Accessoires zu benutzen, vor allem wenn sie aus dünnem Material bestehen. Solches Material zieht sich nämlich gern zusammen, wenn dein damit gefesselter Partner ein wenig daran zerrt. Das führt zu zwei Problemen: Für deinen Partner besteht das Risiko, dass sein Blutkreislauf an dieser Stelle abgeschnürt oder seine Nervenbahnen durch den Druck geschädigt werden. Und du hast ernsthafte Probleme, die Fesseln wieder aufzuknoten. Letzten Endes kann es sein, dass du es gar nicht schaffst und sie durchschneiden musst.

Wenn ihr dieses Risiko eingehen möchtet, kann euch niemand davon abhalten. Ihr solltet aber wissen, dass dieses Risiko besteht. Ihr könnt euch dann für oder gegen die Verwendung solcher Dinge zum Fesseln entscheiden – oder für einen Kompromiss. Beispielsweise könntet ihr nur alte Seidentücher verwenden, bei denen es dem Besitzer egal ist, wenn sie zerstört werden, und die ihr dann tatsächlich einfach kaputtschneidet, sobald sie auf eine Weise unangenehm werden, die ihr euch nicht gewünscht habt.

Praktischer ist da schon der Gürtel eines Bademantels: Er ist in der Regel angenehm flauschig und dick genug, um sich nicht stramm zuzuziehen.

Auch die anderen Dinge, die du zum Bondage benutzen kannst, haben alle ihre Vor- und Nachteile. Betrachten wir mal eines nach dem anderen.

Das wohl bekannteste Hilfsmittel, das du zum Fesseln benutzen kannst, ist ein schlichtes Seil.

Die Vorteile eines Seils beim Bondage: Es ist preisgünstig und du kannst es in verschiedenen Geschäften problemlos kaufen. Außerdem kannst du damit leicht auch ausgefallene Fesselungen durchführen, beispielsweise deinem Partner den Arm und den Oberschenkel zusammenbinden oder seinen Penis an seinen Fuß fesseln.

Die Nachteile eines Seils beim Bondage: Jemanden mit einem Seil ordentlich zu fesseln ist nicht so einfach, wie es aussieht, weshalb sich ein Seil gerade für Bondage-Anfänger weniger anbietet. Ein zu schnell über die Haut gezogenes Seil kann zu Verbrennungen führen. Es ist oft schwierig, jemanden, der mit einem

Seil gefesselt ist, in Sekundenschnelle zu befreien, falls es nötig sein sollte.

Seile können aus mehreren Dutzend verschiedener Materialien hergestellt werden, die ebenfalls Vor- und Nachteile bei ihrer Verwendung haben. Die beliebtesten Materialien schauen wir uns einmal nacheinander an.

Ein Baumwollseil ist leicht und so weich, dass es sich auch unbehandelt angenehm auf der Haut anfühlt. Das Risiko einer Verbrennung ist hier deutlich geringer. Du kannst es in den unterschiedlichsten bunten Farben kaufen, was den optischen Reiz einer Fesselung verstärken kann. Es ist von mittlerer Stärke und Stabilität. Hin und wieder verhält es sich unvorhersagbar: Manchmal lösen sich die Knoten überraschend leicht, sodass dein Partner seiner Fesselung entschlüpfen kann, manchmal bekommt man diese Knoten nur schwer wieder auf. Trotzdem ist dieses Seil alles in allem für Anfänger besonders empfehlenswert.

Ähnliches gilt für das Nylonseil: Man bekommt es ebenfalls leicht im Handel, es ist nicht ganz so weich und etwas steifer als ein Baumwollseil, fühlt sich aber immer noch angenehm an. Es gibt ähnliche Probleme mit Knoten, aber in einem geringeren Ausmaß. Mögliche Verbrennungen gibt es hier nur ein wenig häufiger. Es ist stabil und geht auch bei einer langen Anwendungszeit kaum kaputt. Sein einziger echter Nachteil ist, dass es relativ neumodisch ist, also beispielsweise zu Rollenspielen um Entführungen von Piraten im siebzehnten Jahrhundert wenig passen würde. So mancher SMer hätte für das passende Feeling eines Spiels lieber ein traditionelles Seil.

Insofern würde ein Hanfseil vielleicht besser passen. Es hat einen typischen Naturgeruch, ist stabil und fühlt sich auf der Haut rau an, was manche genießen, andere aber als unangenehm kratzig empfinden. Das wird dadurch verstärkt, dass es mehr als Baumwolle und Nylon in die Haut einschneidet. Es verliert leicht Fasern und verrottet auch leichter. Weil es steifer als Baumwolle und Nylon ist, ist der Umgang damit schwerer. Für Seile aus Jute, Sisal und Manila gilt so ziemlich dasselbe.

Vielleicht magst du dir einfach einige wenige Seile aus unterschiedlichen Materialien kaufen, damit experimentieren und dich schließlich gemeinsam mit deinem Partner für ein Material entscheiden, das ihr zukünftig benutzen wollt.

Vergleichen wir jetzt einmal, wie andere denkbare Fesseln gegenüber Seilen abschneiden:

- Selbsthaftende Bandagen brauchst du nur um

die Gelenke deines Partners zu wickeln, ohne dir Gedanken machen zu müssen, dass sie bei Nerven und Adern zu sehr einschnüren. Der Druck wird hier viel gleichmäßiger verteilt.

- Manschetten und Gurte aus Leder verteilen den Druck ebenso gut. Sie sind recht preisgünstig zu erhalten und ebenso anschmiegsam wie reißfest. Du kannst sie leicht öffnen und verschließen. Wenn Leder bei einem von euch beiden die Erregung steigert, wäre das ein zusätzlicher Bonus.

- Paketklebeband ist zwar besonders leicht erhältlich (bei so ziemlich jeder Postfiliale), aber im Notfall bekommst du es nicht schnell genug ab. Wenn du es abreißt, kann es außerdem einen Teil der Haut mitnehmen.

- Bondage-Tape, ein wie Paketklebeband in Rollen erhältlicher Kunststoff, hat den deutlichen Vorteil, dass es nur an sich selbst kleben bleibt und nicht an Haut, Haaren oder Möbeln. Damit macht es ganz unterschiedliche Fesselungen möglich und lässt sich oft sogar mehrfach verwenden. Du kannst es ohne Überreste entfernen. Allerdings ist es nicht extrem reißfest, du solltest deinen Partner also eher nicht nur gehalten von Bondage-Tape irgendwo aufhängen. Ein Abschnüren von Nerven und Adern mit Bondage-Tape ist nur denkbar, wenn du es versehentlich verdrehst, sodass es nicht flach aufliegt. Dann kann es auch drücken oder kneifen.

- Adhäsionsfolien sind Kunststofffolien, die zum Beispiel zum Einpacken von Lebensmitteln verwendet werden. Wenn du deinen Partner mehrfach damit umwickelst, haften sie ebenfalls auf sich selbst. Eine solche Form der Bondage kannst du leicht bewerkstelligen und mithilfe einer Verbandsschere sekundenschnell ohne Rückstände wieder entfernen. Da diese Folien durchsichtig sind, kannst du deinen Partner in all seiner Nacktheit betrachten und ihn durch die Folien auch Empfindungen wie Hitze oder Kälte spüren lassen. Der Nachteil vieler dieser Folien besteht darin, dass sie die Körperwärme deines Partners nicht nach außen leiten. Deshalb solltest du vor allem darauf achten, dass er zwischendurch ausreichend zu trinken bekommt – nur nicht so viel, dass er mitten in eurem Spiel dringend zur Toilette muss. Zu einer speziellen Fesseltechnik, für die solche Folien sehr praktisch sind, kommen wir in einem späteren Kapitel.

- Ketten wirken auf viele Menschen schon vom Anblick her beeindruckend. Auch ihr kaltes Metall auf bloßer Haut zu spüren, heizt viele SM-Liebhaber an. Sie sind in den meisten Baumärkten sowie im Eisenwarenhandel leicht zu finden. Größere Kettenglieder ermöglichen ein leichtes Einhängen von Haken zum Fixieren, Transportieren oder Aufhängen. Zwar sind Ketten als Fessel besonders unangenehm, für viele SMer stellt aber gerade das einen zusätzlichen Reiz dar. Ein klarer Nachteil besteht darin, dass du beim Fesseln mit Ketten einen Bolzenschneider benötigst, um deinen Partner sekundenschnell befreien zu können.

- Kabelbinder gehören zu den Dingen, die Christian Grey, die männliche Hauptfigur in »Fifty Shades of Grey«, für Fesselspiele im Baumarkt besorgt. Wer weiß, wie kenntnisfrei dieser Roman in Sachen SM geschrieben ist, ahnt schon, dass das ein guter Anhaltspunkt dafür ist, im wahren Leben lieber darauf zu verzichten: Kabelbinder schneiden mit ihren scharfen Kanten sehr in die Haut ein und sind nur schwer zu öffnen.

- Mit einer Spreizstange machst du es deinem Partner unmöglich, die Beine zu schließen, wenn du sie zwischen seinen Fußgelenken befestigst. Wenn du deinen Partner auch anderweitig gefesselt hast, erhältst du so freien Zugang zu seinen Geschlechtsorganen, ohne dass er sich dagegen wehren kann. Bei manchen Exemplaren handelt es sich um längenverstellbare Teleskopstangen, manche sind in der Mitte mit einer Öse versehen, um beispielsweise eine Kette hindurchzuführen und den Gefesselten daran in die Höhe zu ziehen. Wieder andere Hersteller bieten untereinander variierbare Systemspreizstangen an. Beispielsweise kann von ihrer Mitte rechtwinklig eine weitere Stange mit einem Dildo am Ende abgehen.

- Ein Humbler ist eine spezielle Fessel, die von Männern getragen wird. Sie besteht aus zwei aneinandergefügten Stücken Holz, die eine Aussparung in der Mitte aufweisen. Wenn du diese Vorrichtung deinem Partner, der sich mit leicht gespreizten Beinen auf allen vieren befindet, von hinten um seine Hoden legst und dann zwischen seine Schenkel zurückziehst, kann er sich nicht mehr aufrichten. Bei jedem Versuch stoßen die jetzt quer liegenden Stäbe von hinten an seine Schenkel. Ihm bleibt nichts anderes übrig, als demütig weiter zu deinen Füßen zu kauern und zu dir aufzublicken, was sein Gefühl der Unterwürfigkeit und deine Dominanz verstärkt. Da sich ein Mann mit einem Humbler nur langsam bewegen kann, machen sich manche dominante Frauen einen Spaß daraus, ihn damit über längere Strecken zu scheuchen.

- Schließlich können bestimmte Kleidungsstücke als wunderbare Fesseln dienen. Als Erstes denkt man hier vielleicht an die berühmte Zwangsjacke, die du problemlos im Online-Handel beziehen kannst. Subtiler sind extrem enge Röcke (sogenannte »hobble skirts«), die man vor allem im Fetischbereich findet und mit denen man nur winzige Schrittchen machen kann. Wenn du diese Röcke auch noch um Schuhe mit außerordentlich hohen Absätzen ergänzt, kann sich deine Partnerin, obwohl sie nicht im eigentlichen Sinne gefesselt ist, kaum noch ein Stück weit bewegen. Manche SM-Freunde bringen an diesen Schuhen sogar Vorhängeschlösser an, damit sie nicht abgestreift werden können. Der Nachteil ist, dass man in dieser Garderobe keine Treppen steigen kann beziehungsweise sollte, weil das Risiko eines Sturzes zu groß ist.

Was solltest du über das Fesseln mit Seilen wissen?

Kehren wir noch einen Moment zu den Seilen zurück. Anders als zum Beispiel bei Ledermanschetten, einer Spreizstange oder einem Humbler gibt es hier einiges zu beachten, was den geschickten Umgang damit betrifft. Folgende Tipps können dir beim Fesseln mit Seilen helfen:

- Lass am besten die Finger von Seilen und Schnüren unter sechs Millimetern Durchmesser (von Wäscheleinen und Draht sowieso). Je dünner ein Material ist, desto schwerer kann dein Partner zwar entkommen, desto leichter schneidet es aber auch in seine Haut ein. Je dicker ein Seil ist, desto geringer ist das Risiko, dass es den Blutfluss deines Partners abschnürt. Ein allzu dickes Seil ist schwer zu verknoten, bei einem zu dünnen Seil wiederum bekommst du die Knoten nur mit Mühe auf. Ein Durchmesser von etwa acht bis zwölf Millimetern ist vernünftig.

- Besorg dir ein langes Stück Seil, das du in Stücke verschiedener Länge schneidest. Die kurzen Stücke (zwischen ein und drei Meter) nimmst du zum Fesseln von Fußknöcheln und Handgelenken, längere Stücke für den gesamten Körper deines Partners.

- Bevor du ein Seil zum ersten Mal verwendest, kannst du es mit Weichspülmittel in deine Waschmaschine stecken, damit es angenehmer auf der Haut liegt. Damit sich keine Seilenden in der Maschine verheddern, kannst du das Seil in einen Kopfkissenbezug stecken und diesen zuknoten oder zuknöpfen.

- Lagere Seile an einem trockenen und vor Sonnenlicht geschützten Ort.

- Schau dir vor jedem Spiel an, ob deine Seile noch in einem guten Zustand sind oder zerfasert, brüchig oder schmutzig.

- Um zerfasernde Seilenden zu behandeln, hast du im Wesentlichen drei Methoden zur Auswahl: Du kannst sie mit einer Flamme zusammenschmelzen (wenn es sich um synthetisches Seil handelt), du kannst Klebeband darum wickeln oder du kannst die Seilenden in Nagellack beziehungsweise in Leim tauchen und so über Nacht trocknen lassen.

- Räume vor dem Spiel alles weg, was du mit einem beim Fesseln versehentlich frei schwingenden Seilende umreißen könntest, also etwa Gläser oder Kerzen.

- Sei trotzdem immer vorsichtig, was solche schwingenden Seilenden angeht. Je nach der Position, in der du deinen Partner fesselst, kannst du ihn damit zum Beispiel auch im Gesicht treffen.

- Wenn du deinen Partner stehend fesselst oder gefesselt irgendwohin schicken oder führen möchtest, beseitige jegliche Gefahr, dass er über ein herabhängendes Stück Seil stolpert und stürzt.

- Wenn du ein Gelenk deines Partners mehrfach mit Seil umwickelst, lass es anfangs ruhig locker, da es sich bei späteren Schichten von selbst zuzieht. Generell ist es unnötig, solche Fesseln allzu stramm zu ziehen. Lass am besten so viel Platz zwischen dem Seil und der Haut deines Partners, dass du noch ein bis zwei Finger dazwischenschieben kannst. Damit senkst du die Gefahr, deinem Partner Adern oder Nerven abzuschnüren. Manche SMer legen ihren Partnern auch erst Ledermanschetten an und umwickeln diese dann mit Seil, um solche Schädigungen zu verhindern.

- Wenn dein Partner es an irgendeiner Stelle gern straffer hätte, wickle lieber eine weitere Lage Seil um die betreffende Stelle, als tatsächlich stramm zuzuziehen. Je mehr du den Druck verteilst, den das Seil auf den Körper deines

Partners ausübt, desto geringer ist das Risiko eingeklemmter Nerven oder anderer Probleme.

- Wenn dein Partner gern strampelt und an den Fesseln reißt, um sich zu befreien, sollten sie allerdings ausreichend fest sitzen, damit er sich durch das Scheuern seiner Haut am Seil keine Verbrennungen zuzieht.

- Setze keine Knoten direkt auf Gelenke oder Blutadern (etwa der Innenseite der Handgelenke), sondern mindestens ein Stückchen entfernt. Wenn ich im späteren Verlauf dieses Ratgebers davon schreibe, Gelenke zusammenzubinden, meine ich dementsprechend nicht immer exakt die Gelenke, sondern die dazugehörende Körperregion.

- Stelle sicher, dass dein Partner keine Unannehmlichkeiten spürt, die nicht von euch gewünscht und geplant sind. Ein drückender Knoten oder ein scheuerndes Stück Seil an der falschen Stelle kann ihn derart ablenken, dass er es nicht schafft, sich lustvoll in euer Spiel fallen zu lassen.

- Da man beim Losbinden sinnvollerweise mit der Stelle beginnt, die man als Letztes gefesselt hat, solltest du die Hände deines Partners zuletzt mit Seil umwickeln. Taubheitsgefühle, Kribbeln und andere Störungen treten am häufigsten an den Händen auf und verschwinden wieder, wenn du dort die Fesseln lockerst.

Was solltest du über das Fesseln mit Handschellen wissen?

Auch wenn es um Handschellen geht, beginnt richtiger und falscher Umgang damit bereits beim Einkauf. Bei manchen Erotik-Anbietern findet man verlockend günstige Exemplare zu Schleuderpreisen von mitunter sogar nur zehn Euro. Das mag dir zunächst als ein echtes Schnäppchen erscheinen – insbesondere, wenn du erst einmal ausprobieren möchtest, ob Bondage überhaupt etwas ist, statt gleich viel Geld in dieses dir noch unbekannte Hobby zu investieren. Das Problem dabei: Wenn du billige, aber drittklassige Handschellen kaufst, die dir nichts als Probleme bereiten, könntest du zu der Fehleinschätzung gelangen, dass Bondage an sich Mist ist, während dir und deinem Partner Fesselspiele mit vernünftigen Handschellen vielleicht großen Spaß gemacht hätten.

Das Hauptproblem bei minderwertigen Handschellen besteht darin, dass sich ihr Arretierungshebel plötzlich lösen kann. Diesen Hebel drückt man normalerweise zur Seite (oft steht dort »Stop«), um zu verhindern, dass sich die Fesseln plötzlich von selbst enger ziehen. Das kann zu einer üblen Quetschung der Handgelenke führen, was ein ernstzunehmendes Problem darstellt, da sich im Handgelenk empfindliche Nervenbahnen befinden. Auch sind Billig-Handschellen meist sehr scharfkantig, was die Verletzungsgefahr noch erhöht.

Wenn du Handschellen (und andere Stahlfesseln) kaufst, solltest du also vor allem darauf achten, dass das nicht passiert, sondern du dich auf ihre Arretierung verlassen kannst. Eine sichere Arretierung kann man nur mit dem Schlüssel wieder lösen. Außerdem sollten sämtliche Kanten gut abgerundet sein, sodass die Handschellen nicht allzu unbequem zu tragen sind. Je breiter die Auflagefläche der Schellen ist, desto weniger schneiden sie ein und desto mehr kann dein Partner daran zerren und reißen, wenn das für ihn zu einem Bondage-Spiel dazugehört.

Bei der Anschaffung geeigneter Handschellen hilft es dir auch, wenn du zwei Dinge über deinen Partner weißt: Das eine ist der ungefähre Umfang seiner

Handgelenke. Schließlich brauchst du ja ein Modell, das ihm gut passt. Er sollte weder mit etwas Mühe hinausschlüpfen können noch unter dem Druck des zu eng anliegenden Metalls leiden müssen. Und zweitens solltest du wissen, ob dein Partner eine Allergie gegen Nickel hat. In diesem Falle solltest du dich für Fesseln aus Edelstahl entscheiden, auch wenn diese ein wenig teurer sind.

Grundsätzlich empfiehlt es sich, etwas tiefer in die Tasche zu greifen, um Markenartikel von namhaften Herstellern wie Clejuso, Smith & Wesson, Hiatt oder Ralkem zu erstehen. Bei deren Exemplaren findest du alles, was wichtig ist: Ihre Arretierung lässt sich nur mit dem Schlüssel wieder lösen und kann sich so nicht von selbst enger stellen, die Kanten sind abgerundet und die Auflagefläche der Bügel etwas breiter und damit angenehmer zu tragen.

Um derart praktische Handschellen zu finden, empfiehlt sich allerdings, dass du keinen Sex-Shop aufsuchst, sondern einen Waffenladen, wo du höherwertige Qualität und bessere Beratung erhältst – und zwar ohne dass du dafür ein kleines Vermögen ausgeben musst. Auch Armyshops und Spezialgeschäfte für Security bieten sich an. Bei den meisten Verkäufern in Waffenläden solltest du dich auch offen über die

Verwendbarkeit von Handschellen für Fesselspiele unterhalten können. Zum einen sind solche erotischen Vergnügungen spätestens nach dem Massenerfolg von »Fifty Shades of Grey« längst kein Tabu mehr, zumal du dich als umsichtig und kompetent erweist, wenn du einen Fachmann um Rat fragst. Und zum anderen dürfte dem Verkäufer ohnehin klar sein, dass du die Handschellen nicht kaufst, weil du als Privatvergnügen irgendwelche Verbrecher verhaften möchtest. Er hat vielleicht schon mit etlichen Menschen vor dir gesprochen, die ebenfalls auf Fesselspiele aus waren. Vielleicht kann dir ein guter Verkäufer sogar ein paar Tipps geben, die du in diesem Kapitel hier nicht findest.

Apropos Tipps – welche Ratschläge solltest du denn nun bei der Verwendung von Handschellen beherzigen?

- In der Regel werden neue Handschellen mit zwei Schlüsseln verkauft. Den einen hast du bei eurem Spiel natürlich dabei. Der Ersatzschlüssel gehört an einen Ort, an den du dich garantiert erinnerst und wo er auch greifbar ist. Wenn du deinen Partner in dessen Wohnung fesselst, der Schlüssel für die Handschellen verloren geht und sich der Ersatzschlüssel in deiner weit entfernten Wohnung befindet, könnte die Begeisterung deines Partners für solche Spiele stark abnehmen.

- Übe erst mal allein den geschickten und souveränen Umgang mit den Handschellen. Auf diese Weise lernst du, wie schwer oder leicht sie einrasten und wie die Sicherung funktioniert. Vor allem das zügige Aufschließen solltest du aus dem Effeff beherrschen.

- Polizeibeamte schlagen Handschellen Tatverdächtigen um die Gelenke. Sie sind dafür ausgebildet. Du bist das nicht. Im privaten Fesselspiel solltest du jedes unnötige Risiko vermeiden. Also legst du deinem Partner die Handschellen behutsam an.

- Achte von Anfang an darauf, dass sie nicht zu eng sitzen, damit Druckstellen oder gar Nervenquetschungen ausbleiben.

- Aus demselben Grund solltet ihr auf Handschellen bei Spielen verzichten, bei denen es zu kleinen Raufereien kommen kann, also etwa einer inszenierten Entführung oder Vergewaltigung deines (davon begeisterten) Partners. Für solche Rollenspiele bieten sich Fesseln aus einem weicheren Material als ausgerechnet Metall an, also etwa Baumwollseile oder Ledermanschetten.

- Dasselbe gilt, wenn du deinen Partner mit über dem Kopf gestreckten Händen fesseln oder gar an den Handschellen aufhängen möchtest.

- Direkt nach dem Anlegen betätigst du den oben erwähnten Sicherungshebel zur Arretierung der Handschellen. Jetzt können sie sich nicht mehr ungewollt enger zuziehen, nur weil sich dein Partner zum Beispiel im Eifer des Gefechts darauf legt. Unbeabsichtigte Schmerzen oder eine zeitweilige Taubheit der Hand bleiben ihm dadurch erspart.

- Vielleicht hast du dich beim Kauf für ein Exemplar mit ovaler (statt runder) Öffnung entschieden, die besser an die Form von Handgelenken angepasst ist. In diesem Fall solltest du dir allerdings überlegen, ob dein Partner während eures Bondage-Spiels seine Handflächen besser nach innen oder nach außen gedreht hat. Anders als bei runden Exemplaren kann er das dann nämlich nicht mehr eigenständig ändern.

- Sobald dein Partner über Schmerzen oder Taubheitsgefühle klagt (die meistens am Daumenballen beginnen), nimmst du ihm die Handschellen wieder ab und ihr macht eine Pause, damit sich die entsprechende Stelle erholen kann.

- Du solltest deine Handschellen ab und zu mit Waffenöl pflegen, das du ebenfalls in einem Waffengeschäft erhältst. Gib dazu ein paar Tropfen auf die Zahnreihen, das Bügelgelenk und das Schloss.

Wie kannst du dein erstes Fesselspiel vorbereiten?

Bevor du deinen Partner zum ersten Mal fesselst, ist es wichtig, sicherzustellen, dass du ihn auch blitzschnell wieder freibekommst, sollte irgendetwas Unvorhergesehenes geschehen. Übe am besten vorher, die Knoten geschickt zu lösen, die du verwenden möchtest. Falls du mit abschließbaren Fesseln arbeitest, verstaue sicherheitshalber einen zweiten Schlüssel in Reichweite, falls du den ersten im Rausch der Lust irgendwo hinsteckst und später in einer Stresssituation nicht mehr weißt, wohin.

Dann solltest du mit deinem Partner eine Zeitspanne vereinbaren, in der ihr euch in aller Ruhe einander widmen könnt, ohne auf die Uhr schauen zu müssen, weil einer von euch danach noch einen Termin hat.

Du besprichst mit deinem Partner, was du mit ihm anstellen möchtest, wobei er das Recht hat, seine Grenzen festzulegen. Dabei könnt ihr dieses Spiel detailliert miteinander planen. Du kannst aber auch innerhalb eines von deinem Partner gesteckten Rahmens kreativ werden. Bei eurer Absprache dürfte im Zentrum stehen, was ihr euch jeweils von Bondage versprecht. Du solltest die Gelegenheit aber auch nutzen, dir einen genaueren Eindruck davon zu verschaffen, wie gelenkig dein Partner ist, ob er gesundheitliche Probleme hat, die beim Bondage eine Rolle spielen könnten, wie es um seine Ausdauer steht und wie angespannt er bei der Aussicht ist, von dir gefesselt zu werden. Das alles solltest du in Betracht ziehen bei dem, was du deinem Partner zumutest.

Dann legst du alles bereit, was du benötigst, damit du nicht mittendrin noch nach irgendetwas suchen musst. Zu diesen Dingen gehört in jedem Fall etwas, womit du die Fesseln im Notfall zerschneiden kannst, um nicht an den Knoten herumfummeln zu müssen. Je nachdem, was du vorhast, kann hier ein Messer ausreichen – richtig empfehlenswert ist aber eine Verbandsschere, mit der du deinen Partner zügig auch aus etwas enger anliegenden Fesseln befreien kannst, ohne ihn zu stechen und zu verletzen. Du solltest ein bisschen geübt haben, damit umzugehen, und sie griffbereit haben, bevor es losgeht. Außerdem solltest du vorab testen, ob du das Material, mit dem du deinen Partner fesselst, mit dieser Schere überhaupt durchtrennen kannst. Viele dieser Scheren sind nämlich nur für dünne Verbände geeignet.

Andere Dinge, die ihr vielleicht in Griffweite bereitlegen möchtet, sind ein aufgeladenes Handy, falls ein Spiel komplett schiefgeht und ihr einen Notarzt benötigt, sowie eine Taschenlampe, damit ihr auch bei einem plötzlichen Stromausfall nicht hilflos seid.

Worauf solltest du grundsätzlich achten, wenn du deinen Partner fesselst?

Fesselspiele bergen immer ein gewisses gesundheitliches Risiko. Manche SMer halten sie sogar für gefährlicher als Züchtigungen. Deshalb gibt es hier auch viele Regeln und Sicherheitshinweise, die verhindern sollen, dass etwas schiefgeht.

- Ihr könnt ein sogenanntes »Safeword« miteinander vereinbaren, mit dem dir dein Partner mitteilen kann, dass etwas schiefläuft oder seine Grenzen erreicht sind. Sobald er dieses Wort ausspricht, brichst du das Spiel augenblicklich ab und befreist deinen Partner. Solche Codewörter werden gern verwendet, weil Ausrufe wie »Nein!«, »Lass das!« und »Bitte nicht!« oft einfach zum Spiel gehören. Mit der Zeit solltest du aber selbst erkennen können, wann dein Partner ein »Bitte nicht!« ernst meint.

- Sorge dafür, dass deine Wahrnehmung so scharf wie möglich und deine Reaktionen so schnell wie möglich sind, indem du vor dem Fesseln auf Alkohol und andere Drogen verzichtest.

- Lass dir beim Anlegen der Fesseln viel Zeit. Das hat nicht nur den Vorteil, dass du so besonders sorgfältig zu Werke gehen kannst, sondern du erlaubst deinem Partner damit auch, sich schrittweise an seine Gefangenschaft zu gewöhnen. Zugleich kannst du so die sinnliche Erfahrung dieser Praktik verstärken. Du kannst die Zeit, die du benötigst, ausfüllen, indem du mit deinem Partner redest, ihm zum Beispiel genüsslich mitteilst, was du gleich mit ihm vorhast. Auch das Lösen der Fesseln solltest du eher ruhig und gemächlich durchführen, solange nicht gerade ein Notfall vorliegt.

- Wenn du dich dadurch verunsichert fühlst, dass dein Partner deine ersten Fesselversuche mit kritischem Blick betrachtet, verbinde ihm ruhig die Augen.

- Orientiere dich nicht an Szenen, die du auf Bondage-Fotos und -Videos gesehen hast, solange es keine Ratgeberbilder sind. Bondage-Aufnahmen, die erotischen Zwecken dienen sollen, sind von Profis oft sehr kunstvoll inszeniert. Diese Fachleute verfügen zumeist über eine langjährige Erfahrung, wobei sie sich eine genaue Kenntnis der Technik sowie grundlegendes anatomisches und physikalisches Wissen praktisch angeeignet haben. Die Menschen, die sich fesseln lassen, sind oft besonders gelenkig oder trainiert und halten eine aufreizende Stellung häufig nur so lange, wie man braucht, um davon ein Foto zu schießen. Manchmal wird auch mit einer besonderen Bearbeitung der fertigen Aufnahmen nachgeholfen, damit die Bilder noch anregender aussehen.

- Je bequemer die Fesseln sind, die du deinem Partner anlegst, desto länger kann er darin bleiben, ohne dass es ihm zu viel wird.

- Lege deinem Partner keine Fesseln an, aus denen du ihn nicht innerhalb weniger Sekunden herausbekommst. Wenn er zum Beispiel – und das ist noch ein harmloses Beispiel – in einer etwas anstrengenden Stellung plötzlich einen schmerzhaften Muskelkrampf bekommt, solltest du nicht erst fünf Minuten lang mit wachsender Nervosität herumfummeln müssen, bis er sich endlich wieder strecken kann.

- Fesseln gehören niemals an die Vorderseite des Halses und sollten auch die Atmung deines Partners nicht behindern. Schnüre also Bauchbereich oder Brustkorb keinesfalls extrem ein und nicht beide Bereiche gleichzeitig.

- Wenn du deinen Partner in aufrecht stehender oder kniender Haltung fesselst, sichere ihn immer so ab, dass er nicht umkippen kann, falls sein Kreislauf plötzlich wegsackt. Gefesselt kann er sein Gleichgewicht nur schwer verlagern, sich auffangen oder abstützen.

- Lass jemanden, den du gefesselt hast, niemals unbeaufsichtigt allein. Nur so gehst du sicher, im Notfall auch wirklich sofort eingreifen zu können. Zwischen dir und deinem gefesselten Partner sollte sich niemals eine geschlossene Tür befinden. Wenn es eine eurer heißesten Fantasien ist, dass du deinen gefesselten Partner – etwa mit einem an den Schoß gebundenen Vibrator – in seinem eigenen Saft schmoren lässt, dann inszeniere einen entsprechenden Abgang, während du ihn in Wahrheit aus einem Winkel, den dein Partner nicht einsehen kann, im Auge behältst.

- Überprüfe die Blutzirkulation deines Partners alle paar Minuten mit einem Drucktest. Dabei drückst du fest zum Beispiel auf die weiche Stelle zwischen dem Ansatz seines Daumens und seines Zeigefingers, um dann sofort wieder loszulassen. Es sollte sich eine helle Stelle zeigen. Je schneller sie verschwindet, desto besser ist die Zirkulation noch. Mangelnde Durchblutung kannst du auch daran erkennen, dass sich die Haut deines Partners kalt anfühlt oder bläulich färbt.

- Wenn du zwei Körperteile aneinanderfesselst, lass ein bisschen Spiel dazwischen, um nicht versehentlich Adern abzuklemmen.

- Eine Schädigung der Nerven durch Fesselungen bleibt oft lange bestehen, entsteht aber schnell: Urplötzlich spürt dein Partner alarmierende Signale wie prickelnde oder taube Gliedmaßen, stechenden Schmerz oder einen Schwächeanfall. Vermutlich meldet sich hier gerade der betroffene Nerv, weil er zusammengepresst oder überdehnt wurde. Um sicherzustellen, dass die Störung sich nur kurzzeitig bemerkbar macht, solltest du in solchen Fällen immer augenblicklich eingreifen, also deinen Partner entlasten. Oft sind solche Störungen harmlos, und es genügt, eine Fessel an eine andere Stelle zu legen.

- Übertreib es nicht mit der Dauer von Bondage-Spielen. Für Anfänger reicht es vollkommen aus, erst mal nur fünfzehn Minuten bis eine halbe Stunde in Fesseln zu bleiben, dann freigelassen zu werden und nachzuspüren, wie es ihm geht. Erfahrene Spieler sollten aus einer angenehmen Fesselung nach einer Stunde befreit werden und sich bewegen können, damit ihnen der Kreislauf nicht wegsackt. Danach kannst du deinem Partner für eine neue Runde Fesseln anlegen. In körperlich anstrengenden und belastenden Positionen sollten auch erfahrenere Spieler nur eine halbe Stunde bleiben.

- Versuch nicht, deinem Partner bei seinen ersten ungelenken Bewegungen zu helfen, nachdem du ihn befreit hast, sondern lass ihn das selbst in der Zeit machen, die er dafür benötigt. Andernfalls könntest du Muskeln oder Gelenke überlasten.

- Verzichte auf waghalsige Aktionen, wie deinen Partner in seinen Fesseln irgendwo aufzuhängen, bis du mindestens ein Jahr Übung mit Bondage hast.

- Rechne damit, dass Fesselungen anfangs schiefgehen und sich dein Partner daraus leicht befreien kann. Spielt dann einfach weiter. Üben gehört nun mal dazu, bevor man ein Profi wird.

Wie du siehst, gibt es ganz schön viel, was du beim Fesseln im Auge behalten musst. Aber du wirst es niemals schaffen, immer an alles zu denken, was eventuell schiefgehen könnte. Ein Restrisiko bleibt immer. Wenn du jegliches Risiko vermeiden möchtest, ist die einzige Alternative, auf Bondage zu verzichten.

Worauf solltest du achten, wenn du gefesselt wirst?

Wenn du derjenige bist, der sich Fesseln anlegen lässt, könntest du glauben, dass dein Einfluss auf das Gelingen eines solchen Spiels gleich null ist. Was solltest du auch tun – schließlich kannst du dich kaum bewegen?

Tatsächlich gibt es aber eine ganze Reihe von Tipps, die für dich eine Rolle spielen:

- Halte dich so fit wie möglich, damit du auch längere Fesselsessions problemlos durchstehen kannst. Das bedeutet vor allem ausreichend Schlaf, eine vernünftige Ernährung und ein gewisses Ausmaß an Bewegung. Auch Dehnübungen, die die Flexibilität deines Körpers erhöhen, können hilfreich sein. Verzichte auf Drogen aller Art, die deine Gesundheit und deine Wahrnehmung beeinträchtigen. Letzteres gilt insbesondere direkt vor einem Spiel. Du musst in der Lage sein, Gefahrensignale rechtzeitig zu erkennen.

- Nimm am besten vor einem Spiel eine normale Mahlzeit zu dir. Während es Unfug wäre, sich mit vollgeschlagener Wampe fesseln zu lassen, solltest du wenigstens genug im Magen haben, dass das Risiko auf Kreislaufprobleme bei anstrengenderen Fesselungen sinkt. Dieses Risiko sinkt auch, wenn du während des Spiels Kleinigkeiten zu essen zu dir nimmst. Vielleicht ist dein Partner ja bereit, dich zu füttern.

- Geh außerdem noch mal zur Toilette, um deine Blase zu erleichtern. Es wäre ärgerlich, wenn du einen entsprechenden Drang spürst, nachdem du mit viel Mühe eingeschnürt worden bist. Besonders wenn deine Beine aneinandergefesselt werden, kann schon eine leichte Stimulation deines Unterleibs starken Harndrang auslösen.

- Teile deinem Partner vor euren Spielen offen mit, wie es dir körperlich und seelisch geht, sodass er sich guten Gewissens daran orientieren kann. Er sollte beispielsweise wissen, ob du unter Diabetes, Arthritis, Asthma oder anderen Dingen leidest, die möglicherweise ein schnelles Handeln nötig machen. Wenn es zu einer akuten Notsituation kommt, fehlt dir womöglich die Zeit oder die Gelegenheit zu solchen Erklärungen. Auch über Ängste und Phobien, die bei Fesselspielen eine Rolle spielen könnten, sollte dein Partner Bescheid wissen, damit er vernünftig damit umgehen kann.

- Kläre mit deinem Partner vor einem Spiel, was er mit dir anstellen möchte. Wenn du bei einer

Fesselungsidee ein ungutes Gefühl hast, weil du befürchtest, dass sie dich überfordert, lehne freundlich ab.

- Wenn du während des Spiels irgendwelche Störungen feststellst, beispielsweise taube oder prickelnde Arme oder Beine oder gar ungewollte Schmerzen, informiere deinen Partner augenblicklich darüber, damit ihr euch sofort gemeinsam darum kümmern könnt. Verwende dein Safeword, falls das nötig ist. Eingeschlafene Extremitäten gehören nicht zum Bondage, sondern zeigen, dass etwas verkehrt läuft. Manch einer, der so rücksichtsvoll war, solche Dinge stumm zu erdulden, hat die Nervenstörungen für immer behalten.

- Generell solltest du alles zur Sprache bringen, was dich davon abhält, eine in deinem Sinne genussvolle Zeit zu verbringen, also etwa drückende Knoten an der falschen Stelle. Gib lieber rechtzeitig Bescheid statt erst viel später, damit dein Partner nicht mitten im Spiel grundsätzliche Dinge neu durchführen muss.

- Im Falle von eingeschlafenen Gliedern kannst du dir auch selbst zu helfen versuchen, indem du deine Muskeln anspannst. Falls zum Beispiel deine Finger zu prickeln beginnen, könntest du mehrfach hintereinander eine Faust ballen und wieder lösen.

- Es kann sein, dass du beim Bondage in einen leichten Trancezustand gerätst, der sehr angenehm ist und in den du dich gern fallen lässt. Dein eigenes Denken tritt zurück, stattdessen übergibst du die Verantwortung an deinen Partner. Deine Muskelanspannung wird zunehmend schlaffer und du hast vielleicht das Gefühl, zu schweben oder zu fliegen. Das alles kann eine feine Sache sein. Allerdings solltest du insbesondere als Anfänger immer noch so bei der Sache sein, dass du deine eigenen Körperempfindungen wahrnimmst. Es ist nicht ideal, wenn du wieder aus dieser Trance herauskommst und dabei zum Beispiel feststellst, dass deine Finger völlig empfindungslos geworden sind. Überprüfe lieber hin und wieder, ob zu enge Fesseln Nerven abklemmen, ob Teile deines Körpers taub werden, ob du noch problemlos atmen kannst und ob du Übelkeit, Muskelkrämpfe oder alte Verletzungen spürst.

- Wenn dein Partner deine Fesseln löst, zapple nicht herum, indem du versuchst, dich ihnen gleichzeitig selbst zu entwinden. Unter Umständen führt das nur dazu, dass ihr euch verheddert oder sich Knoten wieder zuziehen. Lass deinen Partner einfach machen.

- Schildere deinem Partner nach einem Spiel, wie es dir emotional dabei ergangen ist. Das verstärkt eure Verbindung zueinander, sein Verständnis für deine Vorlieben und Abneigungen und seine Erfahrung beim Bondage.

- Wenn du zwei Stunden nach einem Fesselspiel noch Nervenstörungen spürst, gehe zu einem Arzt. Das ist unter anderem deshalb wichtig, weil die Zone, wo du Schmerzen oder andere unangenehme Gefühle empfindest, oft gar nicht die eigentlich beeinträchtigte Stelle ist, von der die Missempfindungen ausstrahlen. Übe auf die Stelle, die sich ungut anfühlt, jedenfalls keinen weiteren Druck aus, etwa indem du einen Verband anlegst. Womöglich war zu starker Druck die Ursache für diese Störung. Ähnliches gilt für Dehnübungen, weil auch Überdehnung zu dem Problem geführt haben kann.

- Anders verhält es sich bei mangelnder Durchblutung, die sich darin äußert, dass sich deine Haut ungewöhnlich stark färbt (rot, weiß oder blau) oder sie kalt wird. Dann solltest du den Blutfluss befördern, indem du den betroffenen Körperteil senkst, erwärmst und massierst.

- Abdrücke von Seilen auf der Haut hingegen sind harmlos und sollten im Laufe eines Tages vollständig verschwinden.

- Lass dich nicht von jemandem fesseln, den du gerade erst kennengelernt hast. Situationen, bei denen Vertrauenspersonen anwesend sind, beispielsweise SM-Partys, sind eine Ausnahme.

Was solltest du tun, wenn dein gefesselter Partner plötzlich mit einem Panikanfall reagiert?

Was tust du, wenn dein gefesselter Partner mitten in eurem Spiel plötzlich in Panik gerät oder anfängt zu hyperventilieren, also sehr schnell ein- und auszuatmen? Das Risiko, dass dies passiert, ist im Vergleich zu etwa Kreislaufproblemen nicht groß, aber je besser du auf eine solche Situation vorbereitet bist, desto weniger hilflos bist du im Ernstfall.

Grundsätzlich sind bei Hyperventilation nach dem sofortigen Lösen der Fesseln die üblichen Maßnahmen der Ersten Hilfe sinnvoll, beispielsweise deinen Partner in eine Tüte atmen zu lassen, damit der ph-Wert seines Blutes nicht ansteigt. Das könnte nämlich zu weiteren Störungen führen, die sich mit kribbelnden oder taub werdenden Lippen, Händen und Füßen, Kopfschmerzen oder Ohnmacht äußern können. Außerdem solltest du vor allem selbst Ruhe bewahren und Stärke zeigen, denn nur so kannst du deinem Partner den nötigen Halt geben und ihn erfolgreich beruhigen. Zeige ihm, dass du für ihn da bist. Falls er jedoch Abstand zu dir sucht, rückst du ihm womöglich zu sehr auf die Pelle. Jedenfalls sollten seine

Beschwerden wieder abklingen, sobald seine Atmung regelmäßiger wird. Dann kannst du auch zeigen, dass du selbst ganz schön erschrocken warst.

Aber die eigentliche Frage in so einer Situation ist, warum dein Partner auf einmal in Panik geriet. Vermutlich war das in dieser Situation ja kein Zufall, sondern wurde durch euer Fesselspiel ausgelöst. Dein Partner war dadurch offenbar so gestresst, dass sich seine Angst und seine Aufregung auf diese Weise bemerkbar gemacht haben. Warum hat er nicht rechtzeitig signalisiert, dass ihm das alles zu viel wird, sodass ihr das Spiel hättet stoppen oder verlangsamen können? Womöglich habt ihr beide Fehler gemacht: Du hast nicht rechtzeitig erkannt, dass dein Partner schon ziemlich in den Seilen hing, und dein Partner hat seine Verfassung nicht ausreichend deutlich gemacht. Es hilft aber nicht weiter, wenn ihr euch gegenseitig Vorwürfe macht. Um solche Situationen in Zukunft zu verhindern, kannst du eher noch deutlicher machen, dass dein Partner dir zeigen darf, wenn ihm mehr Zurückhaltung gerade ganz guttäte.

Welche Positionen sind geeignet, um deinen Partner zu fesseln?

Ähnlich wie bei den Materialien, die du zum Fesseln benutzen kannst, gibt es auch bei den Stellungen, in denen du deinen Partner fesselst, jeweils Vor- und Nachteile. Auch hier kannst du einige Nachteile abmildern, wenn du bestimmte Ratschläge berücksichtigst. Gehen wir einige der beliebtesten Positionen der Reihe nach durch.

Am einfachsten ist es, deinem Partner die Hände vor dem Körper zu fesseln – mehr nicht.

- **Der Vorteil:** Diese Fesselung ist gerade für Anfänger zum Ausprobieren, wie sich Bondage anfühlt, gut geeignet. Sie verzichtet auf jeglichen erschwerenden Schnickschnack, sodass du wenig falsch machen kannst. Die Gefahren sind hier so gering, dass du sogar die Standardregel, einen Gefesselten niemals allein zu lassen, vernachlässigen kannst. Das Risiko, dass deinem Partner etwas passiert, ist kaum höher als das übliche Alltagsrisiko. Dein Partner kann von einem Ort zum anderen gehen, er könnte ein Telefon bedienen, er könnte sich abfangen, wenn er stürzt. (Aber warum sollte er stürzen, wenn seine Beine frei sind?) Solange du keine weiteren Fesselungen hinzufügst, ist das eine einfache Sache.

- **Der Nachteil:** Gerade weil diese Fesselung so unproblematisch ist, fehlen vielen SMern hierbei der Kitzel und die Spannung, die für sie ja gerade den besonderen Reiz des Bondage ausmachen. Wenn der unterworfene Partner weiterhin fast alles tun kann – sich die Hände schützend vor den Körper halten, weggehen, sogar jemanden zurückstoßen – wünschen sich vermutlich beide Partner schnell, noch einen Schritt weiter zu gehen. Gefesselte möchten sich ausgelieferter und machtloser fühlen und genau jene Dinge spüren, die, wie das erste Kapitel dieses Ratgebers erklärt, Fesselspiele so reizvoll machen.

Du fesselst deinem Partner die Hände hinter dem Rücken – oder das linke Handgelenk an den rechten Ellbogen und umgekehrt, sodass die Unterarme deines Partners hinter seinem Rücken zusammenliegen.

- **Der Vorteil:** Jetzt ist er schon deutlich hilfloser und kann sich beispielsweise nicht mehr dagegen wehren, von dir befingert zu werden.

Außerdem sollte er besser »brav« sein, denn er ist darauf angewiesen, dass du ihn wieder von diesen Fesseln befreist.

- **Der Nachteil:** Es wäre für deinen Partner – und ein wenig auch für dich – ausgesprochen unangenehm, wenn er in dieser Haltung zum Beispiel mit dem Rücken auf dem Teppich liegt und du ihn vögeln willst. Du müsstest dazu entweder seine Fesseln lösen oder eine besonders nachgiebige Unterlage wie eine weiche Matratze finden.

Dein Partner sitzt beispielsweise auf der Couch und du verschnürst seinen gesamten Körper.

- **Der Vorteil:** Dein Partner ist komplett hilflos und sieht damit möglicherweise ganz besonders reizvoll aus.

- **Der Nachteil:** Die Zahl der erotischen Interaktionen mit einem komplett gefesselten Partner ist begrenzt. Und wenn du feststellst, dass du ihn jetzt gern in eurem Bett hättest, solltest du die Kraft haben, ihn in euer Schlafzimmer zu tragen, ohne irgendwo anzustoßen.

Dein Partner sitzt auf einem Stuhl, an den du ihn fesselst – also die Beine deines Partners an die Stuhlbeine, die Arme an eventuelle Armlehnen.

- **Die Vorteile:** Dein Partner kann sich fast gar nicht bewegen und ist entsprechend hilflos. Gleichzeitig ist diese Fesselung für ihn weder anstrengend noch ungemütlich.

- **Der Nachteil:** Es dürfte praktisch unmöglich sein, mit deinem Partner, wenn er so gefesselt ist, normalen Sex zu haben, und auch für Oralsex bietet sich diese Fesselung nicht an. Wenn Bondage für euch ein Vorspiel darstellt, musst du deinen Partner also erst wieder losbinden, bevor einer von euch in den anderen eindringen kann.

Du fesselst deinen Partner im Stehen.

- **Der Vorteil:** Du kannst ihm von allen Seiten (bis auf seine Fußsohlen) Zuwendung und Quälereien zukommen lassen.

- **Der Nachteil:** Du solltest darauf achten, dass er stabilen Stand hat und auch dann von seinen Fesseln gehalten wird, wenn er aus irgendwelchen Gründen (beispielsweise Kreislaufproblemen) plötzlich zusammensackt. Das bedeutet: Nicht nur die Fesseln selbst, sondern auch ihre Verankerungen müssen stabil genug sein, auch bei einem Ruck das gesamte Gewicht deines Partners zu tragen. Je nachdem, wo ihr spielt, erfordert das einige Überlegung und vielleicht auch einige Heimwerkerarbeit.

Du fesselst deinen Partner im sogenannten »spread eagle«, also mit kreuzförmig gespreizten Beinen und Armen. Oft bietet sich hierfür ein Bett an, wenn du an allen vier Ecken eine Möglichkeit findest, Fesseln zu befestigen.

- **Der Vorteil:** Wenn er nicht nur nackt und gefesselt ist, sondern dermaßen ausgebreitet vor dir liegt, fühlt sich dein Partner vermutlich besonders ausgeliefert. Vom sanften Auspeitschen der Geschlechtsorgane über mehrmaliges Stimulieren bis dicht an den Orgasmus bis hin zu Spielen mit beispielsweise Eiswürfeln und Kerzenwachs ist hier vieles möglich. Du kannst dich über ihn hermachen, während ihr es im Bett zugleich recht gemütlich habt.

- **Der Nachteil:** Wenn du deinen Partner in dieser Stellung lustvoll quälst, reißt er womöglich besonders heftig an seinen Fesseln. Es kann also sein, dass sie in seine Haut einschneiden oder dass sich seine Fesseln so zuziehen, dass du sie nicht schnell wieder aufbekommst.

Du verbindest die Beine deines Partners mit einer Spreizstange oder einer anderen Fessel. Dann hat er sich nach vorn zu beugen und du kettest (beispielsweise mit Handschellen) seine Handgelenke an die Fessel, mit der du zuvor seine Füße verbunden hast. Er kann sich also nicht mehr aufrichten.

- **Der Vorteil:** Auch in dieser Stellung ist er dir ausgeliefert, kann dir sogar nur mit Mühe ins Gesicht sehen, wenn du vor ihm stehst. Dadurch dürfte er sich noch unterwürfiger fühlen. Während für ihn diese Fesselung ein wenig anstrengend ist, kannst du hinter ihn treten und dich an ihm bedienen. Du kannst ihm aber auch befehlen, dich mit dem Mund zu befriedigen. Wenn du deine Partnerin besonders herausfordern willst, kannst du sie in dieser Stellung fesseln, während sie hohe Stöckelschuhe trägt.

- **Der Nachteil:** Je nach Kondition deines Partners kann er eventuell nicht lange in dieser Stellung bleiben, ohne dass es allzu unangenehm für ihn wird. Beispielsweise wird sein unterer Rücken stark belastet und sein Blut kann ihm in den Kopf fließen, was unter anderem zu Schwindelgefühlen und Kopfschmerzen führen kann. Auch etwas fülligere Menschen und Frauen mit großen Brüsten fühlen sich in dieser Stellung schnell unwohl. Außerdem kann dein Partner leicht das Gleichgewicht verlieren. Vielleicht sorgst du also besser dafür, dass er dann auf eine weiche Unterlage fällt.

- Eine Alternative dieser Stellung ist, deinen Partner sich nach vorn beugen zu lassen und sein linkes Handgelenk an sein linkes Fußgelenk zu fesseln, um dann dasselbe rechts zu wiederholen. Diese Bondage kannst du angenehmer gestalten, indem du dafür eine längere Fessel verwendest, sodass sich dein Partner etwas weiter aufrichten kann.

Eine ähnliche, aber noch etwas anstrengendere Position ist die sogenannte »Strappado«-Technik. Hierbei steht dein Partner mit geschlossenen oder gespreizten Beinen vor dir, diesmal aber ziehst du seine hinter seinem Rücken aneinandergefesselten Arme so weit in die Höhe, dass er sich unweigerlich nach vorn beugen muss. Dazu kannst du beispielsweise ein Seil benutzen, das über einen Balken in der Zimmerdecke führt oder über einen Haken beziehungsweise eine Rolle, die du an der Decke angebracht hast. In dieser Position fesselst du deinen Partner.

- **Der Vorteil:** Auch hier kannst du von hinten in deinen Partner eindringen oder ihn peitschen. Sadisten und Masochisten finden diese Fesselung erfüllend, weil sie anstrengend und schmerzhaft ist. Früher wurde Strappado in einer verschärften Form als gänzlich unerotische Foltermethode eingesetzt.

- **Der Nachteil:** Aus denselben Gründen ist diese Fesselung mit Vorsicht zu genießen, insbesondere für Anfänger. Die Belastungsgrenzen deines Partners sind hier schnell erreicht. Möglicherweise verrenkt er sich auch ein Schultergelenk, wenn ihr euch vorher nicht aufgewärmt habt.

- Ihr könnt Strappado noch etwas fordernder gestalten, wenn du den Kopf deines Partners mit einem Seil nach vorn oder nach hinten ziehst. Außerdem magst du vielleicht das ein oder andere Erinnerungsfoto schießen, da Strappado für Menschen mit dem entsprechenden Faible auch optisch reizvoll ist.

Dein Partner hält seine Hände hinter den Kopf und du fesselst seine Handgelenke dann in seinem Nacken erstens aneinander und zweitens zum Beispiel an seinen Knebel oder sein Halsband, sodass er die Arme nicht mehr senken kann.

- **Der Vorteil:** Dein Partner ist nicht mehr in der Lage, seinen Körper schützend zu bedecken. Diese Fesselung bietet sich auch ganz besonders für eine Kitzelfolter an.

- **Die Nachteile:** Es bestehen lediglich die üblichen Risiken bei Fesselungen. Beim Kitzeln kann es zu Atemnot kommen, weshalb du es vermeiden solltest, falls dein Partner Asthma hat, und bei der Verwendung eines Knebels besser besonders vorsichtig sein.

Dein Partner geht in die Hocke und du fesselst seine Ober- und Unterschenkel aneinander: einmal links und einmal rechts. Zusätzlich kannst du seine Arme an seinen Oberkörper fesseln.

- **Die Vorteile:** Hierbei demütigst du deinen Partner damit, dass du ihn in eine lächerliche Position bringst – er wirkt ein wenig wie ein Frosch –, aus der er zu dir aufsehen muss. Insbesondere mit zusätzlich gefesselten Armen ist er absolut hilflos. Wenn du ihn nach vorn stößt, sodass er auf die Knie fällt, kannst du ihn dir von hinten vornehmen.
- **Der Nachteil:** Du musst auch hier sichergehen, dass dein Partner, falls er stürzt, auf eine weiche Unterlage fällt.

Dein Partner geht auf alle viere. Dann schiebt er seine Hände nach hinten zwischen die Beine, wo du sie an seine Fußgelenke oder eine Spreizstange zwischen den Fußgelenken fesselst.

- **Die Vorteile:** Dein Partner ist in dieser Stellung extrem hilflos und verwundbar. Er muss dir seinen Hintern für die verschiedensten Späße hinhalten. Wenn du ihm zwischen die Beine gehst, kannst du auch seine primären Geschlechtsorgane stimulieren.

- **Die Nachteile:** Diese Position ist körperlich anstrengend. Sie erfordert große Flexibilität und vielen Menschen tun nach wenigen Minuten des Kniens bereits die Knie weh. Unter Umständen bietet es sich hier an, deinem Partner Knieschoner anzulegen. Dem ästhetischen Reiz dieser Haltung täte das keinen Abbruch.

- Aber auch Schultern, Hals und Arme werden in dieser Position stark belastet. Möglicherweise entscheidet ihr euch dafür, dass dein Partner seinen Kopf auf einem Kissen oder Polster ablegen darf. Aber selbst dann kann es sein, dass er es nicht allzu lange in dieser Position aushält.

- Und schließlich ist Blickkontakt mit deinem Partner schwer, wenn er sich in dieser Stellung befindet.

- Viele dieser Nachteile erledigen sich, wenn du deinen Partner – weiter auf diese Weise gefesselt – nach einigen Minuten herumdrehst, sodass er jetzt auf dem Rücken liegt.

Du fesselst deinen Partner in einem sogenannten »Hogtie«. Dabei liegt er auf dem Bauch und winkelt die Beine an. Jetzt fesselst du hinter seinem Rücken seine Hand- an seine Fußgelenke.

- **Die Vorteile:** Auch hierbei ist dein Partner sehr hilflos. Zusätzlich setzt diese Form des Bondage verschiedene Muskeln seines Körpers unter Spannung, was zunehmend unangenehm wird. Er kann sich nicht entlasten, indem er seine Beine wieder ausstreckt oder seine Arme nach vorn bringt. Insofern spricht diese Fesselung Menschen mit einer sadistischen beziehungsweise masochistischen Ader an.

- **Die Nachteile:** Eine solche Bondage führt bei deinem Partner schnell zu Verspannungen, weshalb du ihn nicht allzu lange auf diese Weise gefesselt lassen solltest.

- Dafür gibt es auch einen weiteren Grund: Mit der Zeit kostet deine Partner in dieser Stellung auch das Atmen immer mehr Mühe. Im Extremfall kann das zu so starker Erschöpfung führen, dass seine Atmung komplett aussetzt. Ihr müsst hier also besonders auf eventuelle

Probleme achten. Dies gilt umso mehr, wenn dein Partner stark übergewichtig ist, wenn er raucht oder sich in vorgerücktem Alter befindet.

- Diese Faktoren begünstigen auch, dass das Blut deines Partners nicht mehr ausreichend mit Sauerstoff versorgt wird, was zu den üblichen Symptomen (taube oder kribbelnde Gliedmaßen, Blaufärbung der Haut etc.) führt. Auch eine sehr harte oder sehr weiche Unterlage sorgt dafür, dass ein Hogtie belastender wird.

- Normaler Sex ist im Hogtie schwierig.

Dein Partner befindet sich im Schneidersitz. Du fesselst ihm die Arme hinter dem Rücken, Ober- und Unterschenkel aneinander, und legst ihm zunächst eine Schlaufe um den Hals, deren anderes Ende du straff an die Beine deines Partners bindest. (Dabei achtest du darauf, dass die Schlaufe nur den Nacken deines Partners berührt, an die Vorderseite des Halses gehören niemals Fesseln!) Damit zwingst du ihn zu einer nach vorn gebeugten Haltung.

- **Die Vorteile:** Dein Partner hat auch hier kaum Bewegungsfreiheit und diese Fesselung wird für ihn schnell anstrengend. Im Gegensatz zum Hogtie ermöglicht diese Fesselung Sex, wenn du deinen Partner nach hinten stößt, sodass er auf dem Rücken zu liegen kommt.

- **Der Nachteil:** Ähnlich wie beim Hogtie kann es auch hier zu Verspannungen und Atemproblemen kommen, wenn ihr es übertreibt. Du solltest deinen Partner also nicht zu lange in dieser Form von Bondage lassen und ihn zügig befreien, sobald du merkst, dass es ihm so schlecht geht, dass es nicht mehr witzig ist.

Du bindest deinem Partner die Ellbogen hinter dem Rücken zusammen.

- **Die Vorteile:** Vor allem Frauen so zu fesseln ist ein Bondage-Klassiker, dessen ästhetischer Reiz bereits in zahllosen Fotos und Zeichnungen festgehalten wurde. Der Grund ist klar erkennbar: In dieser Haltung treten die Brüste der Frau stark nach vorn und ihre Taille erscheint besonders schlank. Wenn die betreffende Frau zusätzlich ein Korsett trägt und ihr die Brüste abgebunden werden (siehe das folgende Kapitel), ließe sich diese Optik noch verstärken. Gleichzeitig ist eine so gefesselte Person besonders hilflos und ihre nach hinten gezerrten Schultern beginnen bald zu schmerzen, was Menschen mit einer masochistischen Ader anfangs zu schätzen wissen. Während eine Frau in dieser Bondage also hilflose, gequälte Weiblichkeit verkörpert, erscheint auch ein derart gefesselter Mann besonders ausgeliefert.

- **Die Nachteile:** Der zunächst noch erträgliche Schmerz in den Schultern verstärkt sich nach einigen Minuten so, dass viele Opfer dieser Fesselung das Spiel abbrechen müssen. Diese Fesselung kann zudem die Durchblutung der Unterarme abschnüren, die daraufhin taub werden oder ebenfalls mit fiesen Schmerzen reagieren können, die sogar Masochisten nicht gut ertragen können. Es besteht überdies die Gefahr, dass Gelenke und Muskeln durch die Spannung, der sie bei dieser Fesselung ausgesetzt sind, dauerhaft geschädigt werden – umso wahrscheinlicher und stärker, je öfter und länger diese Fesselung erfolgt.

- Manche Menschen schaffen es gar nicht, ihre Ellbogen hinter dem Rücken so sehr zusammenzubringen, dass sie einander berühren. Wenn dein Partner dazugehört, solltest du das auf keinen Fall mit Gewalt zu erzwingen versuchen. Allenfalls schrittweise Dehnübungen können hier zum Erfolg führen. Insgesamt bietet sich diese Bondage nur für junge Menschen an, deren Körper in bestem Zustand und nicht ohnehin schon von Gelenkproblemen befallen sind.

- Es ist offenkundig, dass dein Partner derart gefesselt schlecht auf dem Rücken liegen kann. Liegt er aber auf dem Bauch, hat er bald unter ähnlichen Atemproblemen zu leiden wie beim Hogtie. Ein zusätzlicher Knebel würde dieses Problem verschärfen. Insgesamt werden von dir und deinem Partner noch größere Aufmerksamkeit und noch schnelleres Reagieren erfordert, als bei Fesselspielen ohnehin schon nötig ist.

Wie fesselst du die Brüste deiner Partnerin?

Viele Bondage-Liebhaber binden gern die weiblichen Brüste ab, weil sie das optisch reizvoll finden und weil es die Brüste besonders sensibel macht. Um das zu tun, kannst du deiner Partnerin zum Beispiel ein langes Seil um den Nacken legen und jede ihrer Brüste mit dem linken sowie dem rechten Ende des Seils mehrfach umwickeln. Dann führst du die beiden Seilenden wieder hinter den Nacken deiner Partnerin, wo du sie zusammenknotest. Die Vorderseite des Halses bleibt dabei durchgehend frei.

Diese Fesselung ist bei manchen Frauen einfacher durchzuführen, wenn sie sich dabei nach vorn beugen und ihre Brüste baumeln lassen.

Nach einigen Minuten sollten sich die Brüste deiner Partnerin in einem immer dunkleren Rot färben. Dieser kleine Blutstau ist ungefährlich, solange nicht Symptome wie Kälte oder Taubheit dazukommen.

Die Brüste zeigen eher blaue Flecken und reagieren empfindlicher auf Berührungen als andere Körperteile. Auch Schmerzen werden also stärker wahrgenommen, weshalb viele Sadisten abgebundene Brüste besonders gern mit der flachen Hand schlagen oder beispielsweise mit einem Flogger auspeitschen.

Allerdings können gefesselte Brüste der Wucht deiner Schläge besonders schlecht ausweichen, weshalb du dich hierbei noch mehr zurückhalten solltest, um keine inneren Verletzungen in den Adern oder Drüsen zu riskieren. Solche Verletzungen können zu bleibenden Taubheitsgefühlen führen.

Länger als eine halbe Stunde solltest du Brüste nicht abgebunden lassen. Bei einer stillenden Frau empfiehlt es sich, sicherheitshalber auf das Fesseln ihrer Brüste zu verzichten.

Worauf solltest du beim Spiel mit Augenbinden achten?

Augenbinden haben nicht nur den Vorteil, zu vermeiden, dass du dich vor deinem Partner blamierst, weil er sehen kann, wie du noch allzu ungeschickt mit einigen Fesseln hantierst. Sie können vor allem zum erotischen Kitzel eures Fesselspiels beitragen, indem sie deinen Partner noch hilfloser, ausgelieferter und verletzlicher machen. Dadurch wird er automatisch auch unterwürfiger. Und weil er die Außenwelt jetzt nur noch durch seine anderen Sinne wahrnimmt, verursacht bei ihm auch die leichteste Berührung bis hin zum Gefühl deines Atems auf seinem Körper eine Gänsehaut.

Wenn du dich besonders kreativ fühlst, kannst du ihn auch durch geschickt gewählte Geräusche, Gerüche und Berührungen in eine Fantasiewelt eintauchen lassen. Etwas gemeiner ist es, sein Heiß-kalt-Empfinden durcheinanderzubringen, indem du ihm, wenn er gefesselt und mit verbundenen Augen vor dir liegt, ankündigst, heißes Kerzenwachs auf seine Haut tropfen lassen. Tatsächlich tust du das aber mit eiskaltem Wasser …

Insbesondere wenn ihr beide noch Anfänger seid, empfiehlt es sich, sanfter zu beginnen, damit du deinen Partner mit solchen Spielen nicht von Anfang an verstörst und vielleicht gar verschreckst, was zukünftige Aktionen betrifft.

Mit den folgenden Maßnahmen kannst du ein entsprechendes Spiel angenehm gestalten:

- Wähle für die Augenbinde am besten weiches Material, das nicht verrutscht, also statt Seidentüchern lieber Baumwolle oder eine angenehme, blickdicht abschließende Ledermaske. Die im Handel erhältlichen Augenmasken sind leicht handhabbar und schotten alles zuverlässig ab, sodass dein Partner nur noch Dunkelheit sieht. Außerdem kann man sie auch leicht reinigen. Seidentücher hingegen verrutschen gern und man hat dabei in der Regel einen störenden

Knoten am Hinterkopf, der sich noch dazu gern auch mal löst.

- Die Augenbinde sollte nicht allzu straff sitzen. Wenn zu viel Druck auf die Augen ausgeübt wird, kann das unter Umständen bleibende Schäden erzeugen, die sich beispielsweise durch das Sehen bunter Punkte oder ein schwummeriges Gefühl bemerkbar machen.

- Verbinde deinem Partner die Augen nicht, wenn er Kontaktlinsen trägt. Auch das kann schädlichen Druck auf seine Augen erzeugen.

- Solange dein Partner nichts sehen kann, du dich ihm aber auch nicht zum Beispiel durch das Anlegen von Fesseln spürbar widmest, hilft es, hin und wieder etwas zu sagen und Geräusche zu machen, um zu zeigen, dass du noch da bist.

- Unerwartete Aktionen kündigst du vorher an, damit dein Partner nicht erschrickt.

- Wenn du deinem Partner die Augenbinde wieder abnimmst, benötigt er etwas Zeit der

Anpassung, bis er seine volle Sehkraft zurückerlangt.

Was solltest du über die Verwendung eines Knebels wissen?

Normalerweise dient ein Knebel dazu, einen Gefangenen am Sprechen und Um-Hilfe-Rufen zu hindern, sodass er nicht auf sich aufmerksam machen kann. Insofern ist es eigentlich ein wenig widersinnig, dass er bei Bondage-Spielen verwendet wird: Schließlich ist hier die Kommunikation zwischen dir und deinem Partner besonders wichtig, und dein Partner hat gar nicht vor, jemanden um Hilfe zu rufen. In der echten Welt statt in manchem Actionthriller würde es ein Knebel auch gar nicht schaffen, jemanden verstummen zu lassen, der ernsthaft losbrüllte.

Knebel haben insofern nicht so sehr eine praktische Funktion, sondern verstärken die Inszenierung von Hilflosigkeit. Dadurch, dass ihm die Möglichkeit des Sprechens geraubt ist, fühlt sich dein Partner allem noch ausgelieferter, das du mit ihm anstellst. Falls es sich um einen Knebel handelt, der seinen Mund offen hält, statt ihn zu verschließen, tritt deinem Partner zudem früher oder später der Speichel über die Lippen und bringt ihn unwillkürlich zum Sabbern, was seine Erniedrigung verstärkt. Wenn du eine sadistische Ader besitzt, entfacht dies und die Art, wie dich dein Partner mit weit aufgerissenen Augen anzustarren scheint, deine Lust besonders stark.

Dabei gibt es eine riesige Bandbreite von Dingen, die man als Knebel verwenden kann. Hier nur einmal die beliebtesten Beispiele mit ihren Vor- und Nachteilen und Tipps, was ihre Verwendung angeht:

Tücher und Wäsche

- Kleidungsstücke und Accessoires aus Stoff sind in jedem Haushalt zur Hand, weshalb sie auch bei spontanen Fesselspielen gern verwendet werden. Besonders bei Femdom-Spielen ist es darüber hinaus besonders demütigend, wenn der »Sklave« die getragene Unterwäsche oder durchgeschwitzte Socken seiner »Herrin« in den Mund gestopft bekommt. Dabei ist vielen SM-Fans die ernst zu nehmende Gefahr nicht klar, dass ein solches loses Stück Stoff aus der Mundhöhle in den Rachen des Geknebelten wandern und so seine Atmung unterbinden kann.

Klebeband

- Auch Klebeband, etwa Paketband, haben die meisten von uns zu Hause, und wenn du es auf dem Mund deines Partners befestigst, kann er ein Stück Stoff in seinem Mund nicht einfach ausspucken. Allerdings ist das mehr Show als eine wirklich effektive Maßnahme: Wenn dein Partner seinen Mundbereich ausreichend lang und heftig bewegt, löst sich das Klebeband oft schnell. Er sollte also lieber mitspielen und solche Versuche unterlassen. Auf der anderen Seite kann es für deinen Partner schmerzhaft sein, wenn du ihm das Klebeband wieder abreißt. Dieses Problem kannst du verhindern, indem du Bondage-Tape (siehe oben) verwendest.

Ballknebel

- Ein solcher Knebel besteht aus einem Ball aus Gummi oder Holz, durch den eine Schnur verläuft, sodass du ihn am Hinterkopf deines Partners festknoten kannst. So kann ihn dein Partner weder versehentlich verschlucken noch einfach ausspucken. Mit etwas handwerklichem Geschick kannst du einen solchen Knebel auch selbst herstellen, indem du einen Ball in der

Mitte durchbohrst und eine Schnur hindurchfädelst. Allerdings solltest du den Geschmack und Geruch eines solchen Knebels, auch wenn du ihn im Erotik-Shop kaufst, vorher testen. Von manchen Plastikbällen geht ein sehr unangenehmes Aroma aus, und dein Partner soll das Ding schließlich einige Zeit im Mund und damit auch unter der Nase behalten. Ein weiterer Aspekt, auf den du von Anfang an achten solltest, ist die passende Größe des Balles. Kauf lieber anfangs ein kleineres Exemplar als eines, bei dem sich dein Partner den Kiefer verrenkt.

- Es gibt auch Ballknebel mit Luftlöchern, die garantieren sollen, dass die Atmung durch den Mund auch mit einem solchen Knebel immer noch möglich ist. Wenn ihr auf so etwas Wert legt, halte diese Löcher besser sauber, damit sie nicht verstopfen. Allerdings sollte eine gründliche Reinigung von Gegenständen, die man in den Mund nimmt, ohnehin selbstverständlich sein.

Ringknebel

- Hierbei schiebst du deinem Partner einen Ring, der in der Regel aus Metall besteht, hinter die Schneidezähne und befestigst ihn wie andere Knebel am Hinterkopf deines Partners. Offenkundig gibt es hier keine Atemprobleme, solange du den Ringknebel nicht benutzt, um etwas anderes so tief in die Mundhöhle deines Partners zu rammen, dass es bis in den Rachen vordringt. Wenn du männlich und ein wenig sadistisch veranlagt bist, bieten sich der gezwungenermaßen weit offen stehende Mund deines Partners ebenso wie die gurgelnden Erstickungslaute, die er von sich gibt, sobald du mit deinem Penis hineinstößt, allerdings verlockend für solche Praktiken an. Ihr solltet vorher besprechen, ob ihr zu einem solchen Spiel bereit seid, das in den Bereich der Atemkontrolle hineinragt. Oralsex wird allerdings schwierig, wenn du über ein besonders großes Geschlechtsorgan verfügst und daher einen entsprechend umfangreichen Ringknebel benötigst, dein Partner aber einen kleinen Mund besitzt, den er nicht weit genug aufreißen kann.

- Eine Alternative zum runden Ringknebel stellt der aus dem medizinischen Bereich stammende

Kieferspreizer dar, der aus zwei Metallbügeln und einer Raste oder Feststellschraube besteht. Auch er bringt deinen Partner zum Sabbern und hindert ihn daran, gut verständliche Worte auszusprechen.

Penisknebel

- Statt deinen eigenen Penis in den Mund deines Partners zu rammen, kannst du auch einen solchen Knebel verwenden, um dessen Mund auszufüllen. So hat dein Partner in all dieser Zeit das Gefühl, als würde er jemandem einen blasen. Wenn der künstliche Penis allerdings zu weit in den Rachen deines Partners ragt, kann er Würgereflexe auslösen, die noch dazu – anders als beim groben Oralverkehr – nicht unterbrochen werden. Auch hier empfiehlt es sich also, nicht unbedingt ein Riesenexemplar zu verwenden.

- Manche Penisknebel verfügen an der Außenseite über einen zweiten Penis, mit dem die geknebelte Person ihrerseits sexuell aktiv werden kann.

Ballonknebel

- Anstelle eines Dildos bekäme dein Partner hier einen Latexballon in den Mund geschoben, den du danach mit einem Blasebalg aufpumpen kannst. Damit hinderst du deinen Partner besonders effektiv daran, sich verständlich zu machen. Indem du die Größe des Ballons dosieren kannst, verfügst du außerdem über ein besonders hohes Maß an Kontrolle dabei, deinen Partner zu quälen. Auch hier besteht allerdings das Risiko, dass ein aufgepumpter Ballon zu weit in den Rachenraum deines Partners vordringt, weshalb manche SMer sogar von dessen Verwendung abraten.

Eine Trense

- Hierbei handelt es sich um eine Beißstange, an die Zaumzeug und Zügel angebracht werden können. Solche Knebel verwendet man vor allem beim sogenannten »Ponyplay«, bei dem dein Partner in die Rolle eines Pferdchens schlüpft. Über solche Petgames wird in dieser Buchreihe noch ein eigener Ratgeber erscheinen.

Wie du bereits gemerkt hast, ist auch die Verwendung eines Knebels keinesfalls unproblematisch und verlangt besondere Vorsicht und Aufmerksamkeit, da ja insbesondere mit Erstickungsgefahr nur begrenzt zu spaßen ist. Deshalb gibt es auch für den gekonnten Umgang mit Knebeln eine ganze Reihe von Tipps und Hinweisen, die euch ein angstfreies Fesselspiel ermöglichen sollen:

- Lege deinem Partner niemals einen Knebel an, wenn er erkältet ist. Falls seine Nase nämlich zuschwillt, könnte er dann weder durch Mund noch Nase atmen. Dasselbe gilt für Allergien, die zu einer verstopften Nase führen können. Auch mögliche Hustenanfälle ruinieren den Reiz von Knebelspielen komplett. Gehe in all diesen Fällen lieber auf Nummer sicher: Im Zustand der Erregung benötigt dein Partner noch mehr Sauerstoff als sonst.

- Frage deinen Partner sicherheitshalber, ob er irgendwelche gesundheitlichen Beschwerden hat, die Knebelspiele beeinträchtigen könnten. Falls er Asthmatiker ist, bitte ihn, dir mitzuteilen, wo sich sein Asthmaspray befindet und wie du es im Notfall bei ihm anwendest. Womöglich fehlt dir die Zeit, deinen Partner, wenn er einen Asthmaanfall hat, erst von seinen Fesseln zu befreien, und ihn das selbst machen zu lassen.

- Wenn du deinen Partner geknebelt hast, gilt ganz besonders, ihn auf keinen Fall allein zu lassen, sondern ständig im Auge zu behalten. Zum einen kann er nicht um Hilfe rufen, zum anderen steigt die Zahl möglicher Gefahren. Beispielsweise könnte er sich aus irgendeinem Grund plötzlich übergeben müssen, was durch den Knebel blockiert wird.

- Dein Partner kann speziell dieses Risiko senken, wenn er vor dem Geknebeltwerden keine üppige Mahlzeit verspeist und wenn er schon beim ersten Anzeichen eines aufkommenden Unwohlseins signalisiert, dass du ihm den Knebel abnehmen solltest.

- In jedem Fall aber solltest du einen Knebel ebenso in Sekundenschnelle abnehmen können, wie es von dir beim Lösen von Fesseln erwartet wird.

- Womöglich liegt für dich die Frage nahe, wie dein Partner denn mit einem Knebel im Mund sein Safeword als Signal dafür aussprechen soll, dass seine Grenzen erreicht sind oder eine Notsituation eingetreten ist, weshalb du ihn schleunigst befreien solltest. Dafür müsstet ihr dann ein anderes Signal vereinbaren, das dein Partner auch gefesselt und geknebelt geben kann. Beispielsweise könnte er einen Ball oder ein Glöckchen fallen lassen, dass er zuvor in seiner Hand gehalten hat, er könnte mit seinen Fingern schnipsen, in einem zuvor von euch festgelegten Rhythmus grunzen oder drei Mal hintereinander auf sich selbst beziehungsweise auf den Fußboden klopfen oder stampfen.

- Verwende niemals Knebel, bei denen die Gefahr besteht, dass dein Partner versehentlich einen Teil abbeißt und dieser Teil in seinen Rachen gelangt.

- Wenn dein Partner seinen Mund zu lang und zu weit öffnen muss, kann es bei ihm zu verspannten Kiefermuskeln kommen. Das ist zwar kein ernsthaftes gesundheitliches Problem, aber ihr könnt solche Missempfindungen trotzdem vermeiden, indem ihr es mit Knebelspielen nicht übertreibt, was die Dauer eures Spiels und die Größe des Knebels betrifft.

Wie machst du deinen Partner zur Mumie?

Eine weitere Bondage-Technik, die ein eigenes Kapitel verdient, ist die sogenannte »Mumifizierung«. Hierbei wird der gesamte Körper deines Partners eingewickelt, sodass er schließlich aussieht wie eine ägyptische Mumie. Als Material dafür kann man beispielsweise Frischhaltefolie verwenden, Tücher, Lederstreifen, Bandagen oder breite Gummibänder. Manchmal kommt als zusätzliche Fessel außen noch mal eine Lage Paketklebeband obendrauf.

Obwohl es auch dominanten Menschen gefallen kann, ihren Partner auf diese Weise komplett hilflos und bewegungsunfähig zu machen, stellt diese Behandlung vor allem für den eingeschnürten Partner ein besonders intensives Erlebnis dar. Das gilt insbesondere, wenn zum Einwickeln eine Technik gehört, die als »sensorische Deprivation«, also als Sinnesentzug, bezeichnet wird: Die gefesselte Person bekommt dann zusätzlich eine Augenbinde angelegt und zum

Beispiel Kopfhörer aufgesetzt, die sämtliche Außengeräusche dämmen. (Du kannst über die Kopfhörer aber natürlich auch Musik erklingen lassen, auf die ihr euch zuvor geeinigt habt.) Wenn die gefesselte Person kaum noch etwas sehen, hören, fühlen, schmecken oder riechen kann, wird ihre gesamte Aufmerksamkeit automatisch nach innen gerichtet. Sie kann in einen Trancezustand geraten, bei dem die Grenzen zwischen Wirklichkeit und Traumwelt verschwimmen.

Auf der Website *Medical Toys* berichtet ein Anhänger dieser Technik, was ihn daran so begeistert: *»Sie bietet einem die Unbeweglichkeit und das Gefühl der Unterwerfung, das man auch bei anderen Bondage-Techniken findet, aber auch physische und emotionale Elemente, die schwer zu kopieren sind. Du fühlst dich nicht zurückgehalten, sondern komplett aus deinem Körper genommen, als ob du in einer astralen Ebene schwebst, frei von Gewicht, Gefühl, Sicht und Klang. Nur deine Essenz bleibt, und du konzentrierst dich intensiv auf die wenigen kleinen Empfindungen, die noch übrig sind – deinen Herzschlag, deine Atmung, deine Gedanken.«*

Wie wickelst du deinen Partner nun so ein, dass er die Chance hat, etwas Ähnliches zu erleben – vielleicht nicht gleich beim ersten Versuch, aber mit etwas mehr Erfahrung?

- Am einfachsten ist es, wenn ihr euch dafür entscheidet, zumindest anfangs Frischhaltefolie (oder vergleichbare Plastikfolie) zum Einwickeln zu verwenden. Da kommt ihr am leichtesten ran und auch größere Mengen – die ihr benötigen werdet – kosten kein Vermögen. Das erlaubt euch, munter drauflos zu experimentieren. Außerdem kannst du deinen Partner hier mit einem schnellen Schnitt augenblicklich befreien. Wenn du den kompletten Körper deines Partners einwickeln möchtest, solltest du dir mindestens vier Rollen besorgen, damit dir nicht mittendrin die Folie ausgeht. Weniger Folie benötigst du, wenn du nur die Beine deines Partners zusammenbinden oder nur seine Arme an den Oberkörper wickeln möchtest. Solche Spielarten gibt es ja auch.

- Eine gut geeignete Alternative hierzu wäre Verbandsmaterial. Sein Vorteil besteht darin, dehnbar und robust zu sein. Im Gegensatz zur Folie könnt ihr hier dasselbe Material auch mehrfach verwenden.

- Außer diesem Verpackungsmaterial für deinen Partner solltest du dir von Anfang an die Schere bereitlegen, die du später zum Freischneiden brauchen wirst, außerdem etwas zu trinken, Watte und eventuell auch Eiswürfel sowie ein großes Handtuch oder eine Decke. Du wirst gleich erfahren, was du mit diesen Dingen anstellen kannst.

- Sprich mit deinem Partner noch einmal darüber, ob er irgendwelche Ängste, Erfahrungen und Fantasien damit verbindet, eingewickelt und bewegungsunfähig zu sein. Achte darauf, ob er bei dieser Unterhaltung entspannt oder nervös wirkt. So weißt du zumindest ein bisschen besser, worauf du dich einstellen kannst.

- Einigt euch auf einen Zeitraum, wie lange dein Partner verschnürt bleiben soll. Auch hier genügen für Anfänger zehn bis fünfzehn Minuten. Ja, das kann bedeuten, dass du länger mit Einwickeln beschäftigt bist, als dein Partner den Endzustand genießen kann, aber daran ist nichts Schlechtes: Dieses Einwickeln gehört zum erotischen Erlebnis dazu und ist nicht nur Mittel zum Zweck.

- Vielleicht erinnerst du deinen Partner auch daran, vorher noch mal zur Toilette zu gehen – vor allem, wenn ihr ein längeres Spiel vorhabt.

- Sucht euch jetzt einen Ort, wo du genug Freiraum hast, um deinen Partner herumgehen zu können.

- Dann beginnst du, deinen Partner mit der Folie zu umwickeln. Am einfachsten ist es, wenn du ihm auf diese Weise als Erstes die Arme an den Oberkörper fesselst. Wenn du nämlich mit den Beinen beginnst, riskierst du, dass dein Partner nach einigen Minuten des Stehens das Gleichgewicht verliert und stürzt, weil er seine Füße nicht mehr bewegen kann, um sein Körpergewicht auszubalancieren. Besser ist es, ihn zu einer Couch oder zu einem Bett zu führen, nachdem du ihm den Oberkörper umwickelt hast, und ihm dort dabei zu helfen, sich niederzulegen, um dir mit der Folie dann seine Beine vorzunehmen.

- Wenn du zuerst jedes Bein und jeden Arm einzeln mit Folie umwickelst, bevor du sie zu einem Gesamtpaket schnürst, empfindet dein Partner den Effekt dieser Bondage-Form noch intensiver.

- Ziehe die Folie aber nicht zu straff, sondern lege sie locker um den Körper deines Partners. Sie strafft sich automatisch, sobald du eine zweite Schicht darüberlegst und dann vielleicht eine dritte und so weiter. Die Fesselung sollte für deinen Partner so angenehm wie möglich sein.

- Den Schoß deines Partners kannst du freilassen, wenn du vorhast, dort noch tätig zu werden, sobald dein Partner ansonsten eingeschnürt ist. Du kannst ihn aber auch nachträglich freischneiden, wenn du eine geeignete chirurgische Schere benutzt.

- Die Watte verwendest du als Polster an jenen Stellen, wo Gelenke deines Partners sich andernfalls berühren würden, wenn er eingeschnürt ist, also an den Knien und Knöcheln. Andernfalls fühlt es sich dort für deinen Partner schnell ungemütlich an, was ihn davon ablenken würde, sich innerlich komplett fallen zu lassen.

- Du kannst auch ein Stück Watte auf die Brustnippel deines Partners legen, falls du vorhast, die entsprechende Stelle später freizuschneiden, um deinen Partner dort mit sinnlichen Berührungen zu stimulieren.

- Es ist sinnvoll, wenn dein Partner in dem Moment, in dem du seine Brust umwickelst, tief Luft holt. So geht ihr sicher, dass er ausreichend Raum zum Atmen hat.

- Wenn du auch den Kopf deines Partners einwickeln möchtest, dann solltest du ihn dir als Letztes vornehmen. Dadurch kann dein Partner so lange wie möglich mit dir sprechen und dir mitteilen, ob es bei seiner Fesselung irgendetwas gibt, womit er sich nicht wohlfühlt.

- Beim Umwickeln des Kopfes solltest du zwei Lücken lassen: für die Nase und für den Mund. Das ist sicherer, als wenn dein Partner nur eine Öffnung hätte, um atmen zu können.

- Achte darauf, dass vor allem das Kinn deines Partners nur locker mit Folie umspannt ist, sodass er seinen Mund zum Atmen auch problemlos öffnen kann.

- Wenn du deinem Partner das Sehvermögen nehmen möchtest, kannst du das gründlicher tun, wenn du ihm erst eine Augenbinde anlegst und dann die Folie darum wickelst. Die Augenbinde kannst du auch durch Wattestücke ersetzen.

- Die beiden größten Gefahrenquellen, wenn dein Partner für längere Zeit eingewickelt daliegt, sind Überhitzung und Austrocknung. Gegen Überhitzung kannst du vorgehen, indem du hier und da ein paar Eiswürfel auf den Körper deines Partners legst. Gegen den Wasserverlust hilft es, ihm ab und zu etwas zum Trinken zu geben, unter Umständen mithilfe eines Strohhalms.

- Ansonsten bleibt es wieder einmal dir überlassen, deinen Partner gut im Auge zu behalten und auf irgendwelche Anzeichen dafür zu achten, dass vielleicht etwas nicht stimmt. Verändert sich an irgendeiner Stelle die Hautfarbe deines Partners in auffälliger Weise? Wird sein Atem angestrengter? Schwitzt er mehr, als er sollte? Gibt er verständliche Antworten, wenn du ihn ansprichst? In all diesen Fällen kommt es auf dein Beobachtungsvermögen und deine persönliche Einschätzung an, ob du es für geboten hältst, einzugreifen oder nicht.

- Sobald du entscheidest, dass es jetzt erst einmal genug ist, schneide deinen Partner vorsichtig frei, wobei du die Folie so weit wie möglich von seinem Körper anhebst. Solange es keine Alarmsignale gibt, besteht kein Grund für besondere Eile. Auch das Losschneiden gehört zur sinnlichen Erfahrung dazu.

- Vor allem, wenn er längere Zeit in der Folie gelegen hat, ist dein Partner vermutlich völlig durchgeschwitzt. Jetzt kannst du ihn mit dem Handtuch abtrocknen oder darin einhüllen. Letzteres kannst du auch mit einer Decke tun. Sollte er noch nicht ganz bei sich sein, weil er in seiner Trance in einen anderen Bewusstseinszustand abgedriftet ist, führe ihn mit liebevollen Worten wieder gänzlich in eure gemeinsame Realität zurück.

- Häufig ist der Körper eines Menschen nach einer solchen Mumifizierung besonders berührungsempfindlich. Das könnt ihr für weitere Spiele nutzen, die mit angenehmen oder unangenehmen Empfindungen zu tun haben. Womöglich reagiert dein Partner jetzt auf erotische Stimulationen ebenso wie auf Schmerzreize besonders heftig.

Manche Menschen, die Erfahrung mit dieser Praktik haben, empfehlen, dass beim Einwickeln idealerweise noch ein Helfer, also ein anderer dominanter oder unterwürfiger Mensch, anwesend sein sollte. Dieser könnte dann zum Beispiel darauf achten, dass dein Partner nicht stürzt, während du ihn einschnürst, oder er könnte aufmerksam mit ihm sprechen, während du dich aufs Wickeln konzentrierst. Ich halte das bei der einfachen Methode, die ich hier beschrieben habe, nicht für nötig, aber sobald du etwas Komplizierteres probierst, könnte ein achtsamer Helfer sinnvoll sein.

Wie führst du mentale Bondage durch?

Nicht jeder, der mit dem Begriff »Bondage« etwas anfangen kann, weiß auch, worum es sich bei mentaler Bondage handelt. Der Ausdruck mag ein wenig nach Hypnose und Gedankenkontrolle klingen, aber eigentlich handelt es sich nur um Bondage ohne tatsächliche Fesseln.

Das klingt immer noch merkwürdig und erklärungsbedürftig, ist aber ganz simpel: Du befiehlst deinem unterwürfigen Partner, eine bestimmte Stellung einzunehmen. Dann schärfst du ihm mit großem Nachdruck in der Stimme ein: »Jetzt rühr dich keinen Zentimeter von der Stelle!«, worauf du hinzufügen könntest: »Sonst passiert was!« Und du könntest außerdem damit drohen, was deinem Partner blühte, falls er es wagt, sich zu bewegen. Je unangenehmer er das empfindet, was du ihm androhst, desto effektiver ist diese mentale Fesselung. In den Ratgebern »Dominanz« und »Spanking«, die in derselben Reihe wie dieses Buch erschienen sind, findest du viele gemeine Ideen, deinem Partner auf körperlicher ebenso wie auf seelischer Ebene zuzusetzen (solange er sich das freiwillig gefallen lässt). Aber wenn du schon ein paar SM-Erfahrungen mit deinem Partner gemacht hast, weißt du vielleicht auch selbst einzuschätzen, was sich zwar gerade noch innerhalb der von ihm gesteckten Grenzen bewegen würde, ihm aber wirklich unangenehm wäre.

In den nächsten Minuten kannst du deinen Partner quälen, indem du ihm die verschiedensten Sinnesreize zukommen lässt, die ihn normalerweise dazu bringen würden, seine Stellung zu verändern. Das kann von Peitschenschlägen über Kitzeln bis zu direkter erotischer Stimulation die unterschiedlichsten Dinge umfassen. Jedenfalls quälst du deinen Partner so immer mehr, sodass er eigentlich gern reagieren würde und theoretisch ja auch könnte, sich aber sehr viel Mühe gibt, sich zusammenzunehmen – fast so, als wäre er wirklich gefesselt.

Wenn du deinen Partner in solchen Spielen ein wenig besser zu deinem »Sklaven« trainiert hast, brauchst du scharfe Befehle und üble Drohungen vielleicht irgendwann gar nicht mehr auszusprechen. Ein Fingerschnippen oder eine knappe Anweisung – »Strafposition vier!« – würde dann schon ausreichen, damit er sich in die entsprechende Stellung begibt. Die meisten Menschen sind ja doch sehr lernfähig, wenn es darum geht, Unannehmlichkeiten zu vermeiden.

Es gibt die unterschiedlichsten Praktiken, mentale Bondage noch wirkungsvoller zu machen:

- Du drückst eine Münze gegen die Wand und befiehlst deinem Partner, sie mit der Stirn, der Nase oder gar der Zunge festzuhalten – egal was du mit ihm anstellst. Sollte die Münze zu Boden fallen, würdest du deinen Partner übel bestrafen.

- Dein Partner legt sich auf den Rücken und du stellst ein Glas auf seine Stirn, das randvoll mit Wasser gefüllt ist. (Falls ihr z. B. ein Kidnapping-Rollenspiel spielt, kannst du so tun, als ob es sich um eine ätzende Säure handelt.) Dein Partner hat dafür zu sorgen, dass kein Tropfen überschwappt, hat also völlig bewegungslos zu bleiben, während du dich über ihn hermachst. Auch mehrere Gläser über seinen Körper zu verteilen ist möglich.

- Du benutzt deinen Partner als Möbelstück, etwa als Fußschemel oder als Kleiderständer. Auch dann sollte er sich besser nicht rühren, um seiner Funktion gerecht zu werden.

- Über eine besonders interessante Variante dieser Praktik berichtet die Online-Enzyklopädie *Spanking Art Wiki*. Dort heißt es im entsprechenden Eintrag: *»Linien auf dem Boden, die zum Beispiel mit Kreide oder Klebeband gezogen sind, stellen ein nützliches Hilfsmittel für die mentale Fesselung dar. Dabei wird eine Person angewiesen, mit ihren Füßen (oder Zehen) auf der Linienmarkierung oder in einem markierten Zwischenraum zu stehen. Ihr wird gesagt, dass sie diese Linie oder diesen Ort nicht verlassen darf, bis sie die ausdrückliche Erlaubnis dazu erhalten hat. Obwohl eine solche ›Fesselung‹ rein mental stattfindet, ist sie überraschend effektiv; eine solche Linie kann fast wie Klebstoff funktionieren.«*

Wie führst du Predicament Bondage durch?

Predicament Bondage ist eine besonders fiese Form der Fesselung: Hierbei hältst du deinen Partner in einer Situation gefangen, in der er die Wahl zwischen zwei Übeln hat, die beide ähnlich abschreckend sind. Jegliche Versuche, diesem Dilemma zu entkommen und eine gut erträgliche Lösung zu finden, sind von vornherein zum Scheitern verurteilt. Diese Situation, in der dein Partner gezwungen ist, zwischen zwei Misslichkeiten hin und her zu pendeln, beschert ihm einen intensiven emotionalen Stress. Zugleich kommt dadurch, dass diese Art der Fesselung deinen Partner auch körperlich unter Anspannung setzt, auch auf dieser Ebene Stress hinzu.

Wie du siehst, handelt es sich insofern um keine Technik für blutige Anfänger, sondern für Fesselfreunde, die zumindest ein wenig erfahrener mit solchen Spielen sind und auch Vertrauen zueinander gewonnen haben. Menschen, für die Bondage an sich noch unbekanntes Terrain darstellt, könnten durch diese verschärfte Technik leicht überfordert werden. Gleichzeitig ist sie aber für Menschen mit einem entsprechend sadistischen oder masochistischen Faible derart unterhaltsam, dass sie auch in einen Ratgeber für Anfänger hineingehört.

Wie Predicament Bondage konkret aussehen kann, veranschaulicht man am besten anhand verschiedener Beispiele:

- Du bringst Fesseln so an den Genitalien deines Partners an, dass die Fesseln unangenehm daran zerren, solange er sich nicht auf die Zehenspitzen stellt, um diesem Zug entgegenzukommen.

Dein Partner kann aber natürlich nicht ewig auf Zehnspitzen bleiben: Früher oder später werden seine Beinmuskeln zu schmerzen und zu zittern beginnen und er wird sich danach sehnen, seine Fußsohlen senken zu können. Sobald er das tut, wird es aber ausgesprochen schmerzhaft für seine Genitalien.

- Du kannst deinen Partner mit hinter dem Rücken gefesselten Armen rittlings auch auf einem sogenannten Wooden Horse Platz nehmen lassen – einem nach oben zugespitzten Holzbalken. Wieder muss er sich auf die Zehen stellen. Sobald er das nicht mehr schafft und sich auf dem Balken niederlässt, sorgt sein Körpergewicht dafür, dass er seine empfindlichste Stelle auf den spitzen Balken presst.

- Du fesselst deinen Partner an eine senkrechte Stütze, befiehlst ihm, auf die Zehenspitzen zu gehen, und platzierst Reißnägel unter seinen Fußsohlen.

- Du fesselst deinen Partner so, dass dessen Hintern oder Vagina gerade noch einen Hauch von einem nach oben ragenden Dildo entfernt ist, solange dein Partner in einer angespannten Haltung bleibt (beispielsweise wieder auf seinen Zehen). Sobald er das nicht mehr schafft und herabsinkt, dringt der Dildo tief in ihn ein. Wenn das noch nicht unangenehm genug ist, kann man dieses Predicament Bondage an einem Ort durchführen, wo es Zuschauer gibt, also beispielsweise auf einer SM-Party. Die Zuschauer sind dazu eingeladen, die Demütigung deines Partners, der sich selbst pfählt, mit süffisanten Kommentaren zu begleiten.

- Dein Partner hat ein Bein gerade auszustrecken und du stellst darauf eine brennende Kerze, die auf einem kleinen Deckel (beispielsweise eines Einmachglases) steht. Auf diesen Deckel tropft das Wachs. Sobald dein Partner sein Bein senkt, fließt das heiße Wachs darüber.

- Dein Partner befindet sich auf allen vieren. Du legst Nippelklemmen an seiner Brust an und ebenfalls Klemmen an seinen Schamlippen beziehungsweise einen Cockring an seinem Penis. Die Nippelklemmen fesselst du stramm an ein Möbelstück vor deinem Partner. Das Accessoire, mit dem du den Unterleib deines Partners versehen hast, befestigst du an einem Möbelstück hinter deinem Partner. So ziehen diese Fesseln unangenehm am Körper deines Partners. Sobald er sich in eine der beiden Richtungen bewegt, um dort den Schmerz zu verringern, vergrößert er unweigerlich den Schmerz an der anderen Stelle seines Körpers.

- Du fesselst deinen Partner – beispielsweise mit einem Strick unter den Achselhöhlen – so, dass er sich nicht setzen kann, sondern stehen bleiben muss. Dann verbindest du seine Genitalien mit dem Fußboden. Die verbindende Fessel ist so stramm, dass sie einen schmerzhaften Zug auf die Genitalien deines Partners ausübt. Er kann sich entlasten, indem er leicht in die Knie geht (was der Strick zwischen seinen Achselhöhlen gerade noch zulässt). Aber natürlich wird es zunehmend anstrengender, in dieser unnatürlichen Haltung zu bleiben.

- Du fesselst deinen Partner im Stehen. Von seinen Brustwarzen oder seinen Genitalien lässt du an einem Seil ein Gewicht herabhängen, das schmerzhaft schwer ist. Dieses Gewicht wird aber auch durch ein zweites Seil gehalten, das du deinem Partner zwischen die Zähne schiebst. So empfindet er momentan keine Schmerzen durch das Gewicht, aber das ändert sich, sobald die Kraft seines Kiefers nachlässt und er das Seilende nicht mehr mit den Zähnen festhalten kann. Wenn dir das zu lange dauert, kannst du versuchen, diese Entwicklung zu beschleunigen, etwa indem du deinen Partner zu kitzeln beginnst.

- Dein Partner liegt mit gespreizten Beinen und ausgestreckten Armen auf dem Rücken. Zwischen seinen Rücken und die Unterlage schiebst du einen Eisbeutel. Dein Partner hat jetzt die Wahl, das schmerzhaft kalte Eis zu ertragen oder unaufhörlich seinen Rücken nach oben zu drücken, wozu ihm irgendwann die Kraft fehlen dürfte.

- Dein Partner liegt auf dem Rücken. Du legst ihm Nippelklemmen an, die du mit einem Seil verbindest, das du wiederum über eine an der

Zimmerdecke angebrachte Rolle führst. Das freie Seilende knotest du deinem Partner dann um die in die Höhe gestreckten Fußknöchel. Sobald dein Partner seine Beine senkt, zerrt er unwillkürlich auf schmerzhafte Weise an seiner Brust.

- Dein Partner liegt bäuchlings auf einem Bett oder einer ähnlichen Unterlage. Er muss seinen Oberkörper nach vorn schieben, bis sein Kopf und seine Schultern über die Matratze hinausragen. Dann fesselst du seine Arme in seinem Nacken und verbindest ein Ende des Seils mit einem Analhaken, den du deinem Partner in den Hintern schiebst. Solange dein Partner seine Arme und seinen Oberkörper in einer waagerechten Linie halten kann, ist alles in Ordnung. Sobald ihn seine Kräfte aber verlassen und er nach vorn sinkt, zieht er den Analhaken unangenehm tief in seinen Hintern hinein.

- Ein Predicament Bondage lässt sich auch zwei Menschen anlegen, die einander sehr mögen. Beispielsweise könntest du den beiden befehlen, sich einander gegenüberzustellen und ein Bein in die Höhe zu heben. Um jedes erhobene Bein knotest du einen Strick, führst diesen wieder über eine Seilrolle in der Zimmerdecke und verbindest das Seilende mit Nippelklemmen, die du dem jeweils anderen Partner angelegt hast. Sobald einer der beiden Gefesselten sein Bein senkt, reißt er an den Brüsten des anderen. Du kannst diese Situation – so wie viele andere beim Predicament Bondage – noch verschärfen, indem du die Gefesselten durch Schläge mit einem Flogger oder einer Peitsche zusätzlich zum Schwitzen bringst.

So weit zu verschiedenen möglichen Szenarios. Vermutlich wirst du meine Einschätzung jetzt teilen, dass beim Predicament Bondage vor allem Menschen auf ihre Kosten kommen, deren Neigung zu Sadismus beziehungsweise Masochismus stärker ausgeprägt ist. Dementsprechend gewichtig fallen auch die Sicherheitshinweise in diesem Bereich aus:

- Bei Predicament Bondage gelten die meisten Sicherheitsregeln des üblichen Bondage doppelt und dreifach, insbesondere dass du kontinuierlich darauf achtest, wie es deinem Partner gerade geht, und dass du bereit und in der

Lage bist, seine Fesseln in Sekundenschnelle zu lösen. Versuche immer, auch auf relativ unerwartete Dinge wie einen plötzlichen Muskelkrampf und dergleichen vorbereitet zu sein. Ihr solltet immer die Gewissheit haben, dass deinem Partner nichts Ernstes passieren kann, wenn er beispielsweise ausrutscht oder wegen Kreislaufproblemen umkippt.

- Ihr könnt natürlich machen, was euch gefällt, aber grundsätzlich sollte man es mit Predicament Bondage nicht übertreiben. Wenn du deinen Partner ständig in Situationen bringst, in denen er nicht »gewinnen« kann, ist es möglich, dass seine Lust auf solche Fesselspiele stark nachlässt. Du solltest solche Aktionen also gut dosieren. Vielleicht möchtest du sie auch als eine Form der Bestrafung einsetzen, wenn dein Partner besonders »ungezogen« war.

- Mehrere der hier geschilderten Aktionen haben mit Spielarten zu tun, die ich in diesem Ratgeber nicht erklärt habe, beispielsweise dem Verwenden von Nippelklemmen, heißem Kerzenwachs oder einem Analdildo. Wenn du so etwas ausprobierst, mach dich am besten aus anderen Quellen darüber schlau, worauf du bei derartigen Aktionen achten solltest.

- Ein Beispiel für Sicherheitsvorkehrungen bei Predicament Bondage erläutert die anonyme Verfasserin des Blogs *A Lazy Domme's Guide* anhand eines Prangers, in den man den Penis und die Hoden des männlichen Partners klemmen kann: *»Lass deinen Schatz so hoch, wie er es schafft, auf die Zehenspitzen gehen, stell den Pranger in einer solchen Höhe ein, dass er die Hoden deines Partners leicht hinaufzieht, und schließe den Pranger ausschließlich um diese Hoden. Sobald die Beinmuskeln deines Partners müde werden, wird er versuchen, sie ein wenig zu entspannen, und beginnt so automatisch damit, an seinen Eiern zu zerren. Wenn ihm das Zerren zu viel wird, wird er wieder auf die Zehenspitzen gehen. Er stemmt sich also abwechselnd in die Höhe und zerrt an den eigenen Eiern. Stelle aber sicher, dass er sich nicht die Hoden abreißt, wenn er fallen oder zusammenbrechen sollte. Dazu kannst du seine Arme so aufhängen, dass das Körpergewicht deines Partners von seinen*

Armen abgefangen wird, falls etwas passiert. Außer dem Einrichten von Deckenhaken zu diesem Zweck könntest du die Arme deines Partners an die Befestigung einer Liebesschaukel binden, die dafür gebaut ist, das Gewicht von zwei Menschen zu tragen. Natürlich kann das alles, obwohl das Resultat ein unglaublich heißes Schauspiel ist, ein wenig Geld und sein Aufbau ein wenig Mühe kosten.«

Mit welchen anderen Ideen kannst du Bondage noch intensiver gestalten?

Nachdem ihr eine Zeit lang Erfahrungen mit Fesselspielen gemacht habt, sucht ihr womöglich nach weiteren Wegen, sie prickelnder zu gestalten. Hierfür habe ich einige Ideen zusammengestellt, Bondage mit anderen SM-Elementen zu verbinden:

- Du könntest zum Beispiel deinen Partner in Fesseln legen, die ihn behindern, und ihm dann befehlen, bestimmte »Sklavendienste« wie die Reinigung bestimmter Räume eurer Wohnung zu verrichten. Unter Umständen kannst du ihm dafür sogar eine zeitliche Beschränkung auferlegen – wenn er bis dahin nicht fertig ist, bestrafst du ihn. Ebenso kannst du dich von ihm bedienen lassen, während er auf bizarre Weise gefesselt ist, beispielsweise jeder seiner Unterarme an den dazugehörigen Oberarm.

- Wenn du eine weibliche Partnerin hast, kannst du ihr darüber hinaus Fesseln anlegen, die du so gestaltet hast, dass sich dicht an ihrer Klitoris ein Knoten befindet, der sie bei jeder Bewegung stimuliert.

- Du könntest auch ein Seil über ihre Lustzonen spannen, dessen Ende du um einen brummenden Vibrator schnürst, sodass das Seil dessen Vibrationen weiterleitet. Sie dürften deine Partnerin stark aufheizen, aber nicht ausreichen, um ihr einen Orgasmus zu erlauben.

- Vielleicht hast du auch Lust, deinen Partner auf eine Weise zu fesseln, die es ihm nur mit viel Mühe erlaubt, sich fortzubewegen, also etwa die Handgelenke an die Fußknöchel. Oder du bindest ihm die Arme an den Oberkörper, sodass er sich nur wie ein Wurm durch die Wohnung schlängeln kann. Du kannst ihn dabei beobachten und mit spöttischen Kommentaren erniedrigen oder ins Schlafzimmer gehen und ihn zu dir rufen. Im Bett bringst du dich schon mal in Stimmung, während sich dein Partner durch eure Wohnung quält.

- Wenn du eine Frau bist und einen männlichen Partner hast, könntest du im Schlafzimmer oder an einem anderen geeigneten Ort die Hoden deines Partners durch ein Seil mit einem Möbelstück verbinden. Dann begibst du dich in die geeignete Position und erlaubst deinem Partner, dich zu vögeln. Er wird jedoch feststellen, dass er nur dann in dich eindringen kann, wenn sich dabei das Seil so sehr spannt, dass es einen unangenehmen Zug auf seine Hoden ausübt. Er muss sich also jeden einzelnen Stoß mit den Schmerzen verdienen, die ihm die Befriedigung seiner Lust wert ist. Insbesondere wenn du ihn zuvor über längere Zeit keusch gehalten hast, dürfte er bereit sein, sich ganz schön zu quälen, um endlich wieder in dich eindringen zu dürfen.

- Für einen größeren Kitzel kannst du auch sorgen, indem du deinen Partner an einem Ort fesselst, wo zumindest theoretisch das Risiko besteht, entdeckt zu werden – ob auf eurem Balkon, in einem geparkten Auto oder in einem kleinen Waldstückchen. Zum Reiz des Fesselsex kommt so der Reiz einer denkbaren öffentlichen Demütigung hinzu. Du solltest aber alles Notwendige tun, um dieses Risiko in Wahrheit so klein wie möglich zu halten. Andernfalls könntet ihr euch beispielsweise eine Anzeige wegen »Erregung öffentlichen Ärgernisses« (Paragraf 183a des Strafgesetzbuches) zuziehen. Insbesondere Kinder sollten nicht unvermittelt Zeuge eurer sexuellen Aktivitäten werden können. Im Notfall solltest du hier wie immer die Fesseln deines Partners blitzschnell lösen können.

Worauf solltest du achten, wenn du dich selbst fesselst?

Kommen wir zuletzt zu einer Frage, die viele Menschen beschäftigt, wenn sie keinen geeigneten Partner für Bondage-Spiele haben: Wie fesselt man sich am besten selbst?

Die Antwort vieler Bondage-Profis ist ernüchternd. Sie lautet nämlich: gar nicht. So berichtet der SM-Experte Jay Wiseman von mehreren Menschen, bei denen solche Versuche tödlich endeten. Betroffen waren immer wieder Menschen mit viel Erfahrung in solchen Dingen, von denen manche sogar darüber schrieben, wie man Selbstfesselungen durchführt, um später bei solchen Aktionen zu Tode zu kommen. Womöglich sind sogar *gerade* erfahrene SMer gefährdet, weil sie aufgrund ihrer Selbstsicherheit unnötige Risiken eingegangen sind. Für andere Bondage-Liebhaber stellten sich Fesselungen ohne einen Partner einfach nur als unfassbar langweilig heraus.

Also könnten wir dieses Kapitel genauso gut einfach streichen? Wohl kaum. Es kommen immer wieder auch erfahrene Bergsteiger, Höhlenforscher und andere Menschen ums Leben, ohne dass derlei Freizeitbeschäftigungen für tabu erklärt werden. Dir sollte allerdings klar sein, dass du bei Selbstfesselungen ein besonders hohes Risiko eingehst. Es können immer Dinge schiefgehen, an die du nicht gedacht hast:

Beispielsweise legst du dir im Zustand lustvoller Erwartung die Handschellen versehentlich so an, dass du das Schlüsselloch zum Öffnen nicht mehr erreichen kannst.

- Die Handschellen blockieren überraschend oder du brichst den Schlüssel im Schloss ab.
- Du kannst einen einfachen Knoten nicht mehr lösen, weil deine Finger nach längerer Zeit des Gefesseltseins taub geworden sind.
- Oder du kommst an den Knoten nicht mehr heran, weil er in der Zeit, in der du dich in deinen Fesseln gewunden hast, verrutscht ist.

Insofern magst du dir vielleicht wenigstens überlegen, ob du nicht weniger gefährliche Alternativen zum Solo-Bondage findest. Du könntest stattdessen zum Beispiel etwas Geld in die Hand nehmen und eine professionelle Domina aufsuchen. Du könntest dir auch über das Internet (etwa die Website »Sklavenzentrale«) oder über regionale SM-Stammtische einen vertrauenswürdigen Menschen suchen, mit dem du eine gegenseitige Zweckpartnerschaft allein für Fesselspiele eingehst, ohne dass daraus eine tiefergehende Beziehung wird.

Aber ich gebe zu, dass es oft nicht einfach ist, einen passenden Menschen in der Nähe des eigenen Wohnorts zu finden. Vielleicht fehlt dir auch der Mut, einen zunächst noch wildfremden Menschen um so etwas zu bitten. Der Besuch einer Domina hingegen ist alles andere als billig. Du stehst also vor einer Entscheidung, und mir ist klar, dass sich viele Menschen letzten Endes doch für Solo-Bondage entscheiden werden. Dann sollte ihnen dieser Ratgeber – so wie bei allen anderen Aspekten – vermitteln, wie sie die Gefahren bei dieser Praktik zumindest senken können.

Dabei ist die Gefahr für dich deutlich geringer, wenn für dich der Reiz des Bondage vor allem darin besteht, von Fesseln »umarmt« und gehalten zu werden, ohne dich wirklich hilflos und ausgeliefert fühlen zu müssen. In diesem Fall kannst du dir deine Fesseln so locker anlegen, dass du jederzeit mit Leichtigkeit daraus entschlüpfen kannst. Schwieriger wird es, wenn du zur Entstehung echter Lust Fesseln benötigst, die sich real anfühlen und in dir wirklich das Gefühl von Hilflosigkeit aufkommen lassen.

Menschen, die so etwas möchten, bedienen sich oft extrem ausgefeilter Techniken, aber im Rahmen dieses Ratgebers genügen zunächst zwei einfache Beispiele:

- Du fesselst deine Hände mit Handschellen zum Beispiel an das Kopfende deines Bettes und wirfst den benutzten Schlüssel dann weit weg von dir, sodass du ihn nicht mehr erreichen kannst. Ein zweiter passender Schlüssel befindet sich zwar in Reichweite deiner Hände – allerdings eingefroren in einem Eiswürfel. Bis das Eis aufgetaut ist, bist du tatsächlich hilflos. (In einer Variante dieser Praktik ist der eingefrorene Schlüssel an einer Schnur festgebunden, sodass du ihn an dich heranziehen kannst, sobald das Eis geschmolzen ist.)

- Du hast dich mithilfe eines Kombinationsschlosses gefesselt – nachts, wenn es noch dunkel ist. Um die richtige Kombination zu deiner Befreiung einstellen zu können, musst du die Zahlen des Schlosses sehen können und hast deshalb zu warten, bis die Sonne aufgeht und ihre Strahlen ausreichend Licht liefern.

Beide Praktiken haben offenkundige Nachteile: Das Eis braucht zum Schmelzen eventuell viel länger als im Testversuch. Der Himmel erweist sich als von schwarzen Wolken bedeckt, sodass du nicht ausreichend Licht hast. Oder in eurem Haus bricht plötzlich Feuer aus, während die für deine Befreiung nötigen Umstände noch nicht eingetreten sind. Dann liegst du da und überlegst verzweifelt, wie du dieser Situation entkommen sollst.

Aber nehmen wir einmal an, dass du glaubst, solche Risken aus dem Weg geräumt zu haben, oder dass du glaubst, sie einfach hinnehmen zu können. (Wie groß ist die Wahrscheinlichkeit eines Wohnungsbrands ausgerechnet während dieser Fesselspiele wirklich?) Wie gehst du dann vor, um eine möglichst sichere Selbstfesselung durchzuführen?

- Mach dich zunächst einmal schlau über die verschiedenen Möglichkeiten, eine Selbstfesselung durchzuführen. Einfache Fesselungen, wie dir selbst Handschellen anzulegen oder dir selbst die Hände zu fesseln, sollten unproblematisch sein. Für die Beschreibung komplexerer Fesselungen ist in diesem Ratgeber – auch mangels Bildern – nicht der richtige Ort. Du findest aber sowohl erklärende Videos auf Youtube als auch wunderbar bebilderte Schritt-für-Schritt-Anleitungen für die verschiedensten Fesselungen bis hin zum Hogtie unter der Web-Adresse *likera.com/sb/tech.php*.

- Übe zunächst einzelne Elemente dieser Fesselung unter günstigen Bedingungen, bis du sie wirklich alle sicher beherrschst. Du solltest das An- und Ablegen fast im Schlaf draufhaben.

Übe dann auch unter Bedingungen, in denen du kaum etwas sehen kannst. Beispielsweise ist ja vorstellbar, dass du Opfer eines Stromausfalls wirst.

- Probiere ohne Fesseln aus, wie lange du die Positionen, in denen du dich fesseln möchtest, gut durchhalten kannst. Finde heraus, wie flexibel du bist und ab wann eine bestimmte Stellung schmerzhaft wird.

- Nimm vor dem Selbstfesseln keinen Alkohol oder andere bewusstseinsverändernde Drogen zu dir.

- Vermeide sämtliche Fesselungen, die deine Atmung behindern könnten, also etwa um deinen Hals gelegte Seile oder Knebel. Spiele mit Atemkontrolle solltest du ohnehin nie mit Solo-Bondage verknüpfen.

- Vermeide sämtliche strammen und engen Fesselungen, die deinen Händen den Kreislauf abschnüren, sodass deine Finger taub werden. Locker angelegte Fesseln machen auch eine Befreiung leichter.

- Fessele dich lieber nicht im Stehen. Wenn du aus irgendwelchen Gründen, beispielsweise weil du sehr aufgeregt bist, Kreislaufprobleme bekommst und umkippst, könnte das unschöne Folgen haben.

- Viele Selbstfessler haben eine Möglichkeit, um sich im Notfall zu befreien, in Griffweite, aber so verstaut, dass sie sie niemals leichtfertig benutzen würden. Beispielsweise könntest du einen Ersatzschlüssel oder ein Taschenmesser in eine wertvolle Vase fallen lassen, die du kaputtmachen müsstest, um wieder an diesen Gegenstand zu gelangen. Oder du platzierst den Schlüssel in einem Topf mit Öl, den du umstoßen müsstest, sodass sich das Öl über deinen Teppich ergießen würde. Da du das wirklich nicht tun möchtest, könntest du dich ausreichend hilflos fühlen, dich aber dennoch in einem echten Notfall befreien.

- Die Installation von Rauchmeldern, die ja inzwischen für viele Räume ohnehin verpflichtend ist, bietet zusätzliche Sicherheit.

- Ein weiterer Sicherheitsanker für den Notfall könnte darin bestehen, einem guten Freund von deinem ungewöhnlichen Hobby zu erzählen und ihn zu bitten, bei dir vorbeizuschauen, wenn du ihn bis zu einem bestimmten Zeitpunkt nicht angerufen hast. Dein Freund sollte dann einen Schlüssel zu deiner Wohnung besitzen.

- Die Alternative hierzu wäre, immer ein voll aufgeladenes Handy in Griffweite zu haben, wenn du gefesselt bist. So kannst du im Notfall Hilfe anfordern. Das wäre vermutlich um einiges demütigender für dich, wenn der von dir ausgewählte Helfer nichts von deinen sexuellen Vorlieben weiß. Eine bereits in dein Handy einprogrammierte Notrufnummer wäre hilfreich.

Abschließend zu diesem Thema möchte ich eine Passage des Bondage-Experten David Stein zitieren: *»Ich bin selbst dumme Risiken eingegangen, wenn es nötig war, aber als ich älter, weiser und erfahrener wurde, fiel es mir leichter, tief durchzuatmen und nachzudenken, bevor ich die Manschetten an meinen Handgelenken* *oder das Vorhängeschloss am Reißverschluss meiner Kapuze zuschnappen ließ. Ich stelle mir einige Fragen, und wenn ich keine gute Antwort auf alle habe, breche ich entweder das Bondage ab oder gehe zurück zum Anfang und plane es noch einmal: Wie genau komme ich hier raus? Werde ich nach ein paar Stunden des Liegens, Sitzens oder Stehens in diesen Fesseln noch aussteigen können? Was mache ich, wenn meine geplante Flucht nicht funktioniert? Was ist das Schlimmste, was passieren kann, wenn ich mich nicht befreien kann?«*

Wenn du dir dieselben Fragen stellst, bis du befriedigende Antworten gefunden hast, hast du schon viel getan, um für deine Sicherheit zu sorgen.

LESEPROBE: JULIA HOPE LASS MICH KOMMEN!

... »Was ist das?«, fragte Sandra.

Frank grinste. »Dieses kleine Wundergerät ist ein so genannter Vibra Exciter. Eine besondere Art Vibrator. Du befestigst dieses Bedienelement ganz oben an deinem Innenschenkel, sodass es von außen niemand sieht. Das müsste auch bei deinem kurzen Röckchen möglich sein. Den Zylinder schiebst du dir in deine Muschi.«

Sandra atmete tief ein. Sie war doch jetzt schon praktisch dauergeil. »Ich ... Wenn ich ständig stimuliert werde, dann ... Es kann sein ... Vermutlich kann ich mich dann irgendwann nicht mehr beherrschen.« Oh Gott, wie sich das anhörte! »Ich meine ... Das können Sie doch nicht von mir erwarten?«

Frank schmunzelte, Rachel lachte. »Der Witz bei der Sache ist: Dieses Gerät hier funktioniert wie der Empfänger einer Fernsteuerung. Er reagiert auf Handysignale in deiner Nähe. Sobald ein Handy, das etwa einen Meter von dir entfernt ist, einen Anruf oder eine SMS erhält, wird das Gerät in Betrieb gesetzt, und der kleine Zylinder in deiner Möse fängt an zu vibrieren. Und zwar genau so lange, wie die Mitteilung oder das Gespräch dauert, plus weiterer zwanzig Sekunden. Das Vibrieren selbst lässt sich in mehrere Stufen unterteilen, von sehr sanft bis wirklich heftig. Im Laufe des Abends werden wir ein bisschen experimentieren, wie wir das Gerät am besten einstellen, damit es dich immer wieder an den Rand eines Höhepunktes bringt, aber nicht darüber hinaus.«

Sandra starrte den Apparat voll dunkler Ahnung an. Wer erfand nur solche Dinger? Und wie entdeckte Frank sie immer wieder für seine und Rachels perfiden Arrangements? Es war unglaublich, was für einen Ideenreichtum die beiden entwickelten, wenn es darum ging, sie zu quälen.

***

Wenige Stunden später lag Sandra schweißüberströmt auf Rachels Bett. Ihre Finger krallten sich in das Laken. Ihr Atem ging so heftig, als ob sie einen zehnminütigen Sprint hinter sich gehabt hätte.

»Oh Gott ... ich ... bitte ... ich muss jetzt wirklich, wirklich kommen! Bitte ...«, flehte sie.

Aber Rachel, die Sandras Verrenkungen kühl beobachtete, schüttelte nur den Kopf. »Du musst nicht kommen«, korrigierte sie.

Sandra wimmerte. Sie starrte hoffnungsvoll auf den Radiowecker, der auf Rachels Nachttisch stand. Endlich wechselte die Minute von 21:58 Uhr auf 21:59 Uhr. Keuchend schaltete Sandra den Vibrator aus, dessen Metallzylinder in ihrer Möse steckte.

Das Spiel, das Rachel mit ihr spielte, war ganz einfach: Sandra hatte die Aufgabe, die acht verschiedenen Intensitätsstufen, mit denen ihr neuer Vibrator ausgestattet war, nacheinander auszuprobieren. Jede Stufe hatte sie drei Minuten lang zu genießen, danach war ihr eine einminütige Pause gestattet. Jedes Mal, wenn sie früher abbrach, weil sie die Stimulation einfach nicht mehr aushalten konnte, ohne ihren Orgasmus gegen Rachels Verbot zuzulassen, musste sie den kompletten Durchgang von neuem beginnen. Das hier war ihr dritter Versuch. Die Kontrolle zu behalten, war für sie von Mal zu Mal schwieriger.

Frank stand im Türrahmen des Schlafzimmers und betrachtete ebenfalls das Schauspiel, das Sandra ihm und Rachel bot. Sandra kaute auf ihrer Unterlippe, stieß hilflos mit ihren Hüften in die Luft, schleuderte ihren Kopf hin und her wie im Fieber.

Endlich erbarmten sich die beiden ihrer Sklavin. »Genug gespielt«, sagte Rachel, griff zwischen Sandras Beine und nahm ihren Vibrator an sich ...

Verwendete Literatur

Die folgenden Texte habe ich zurate gezogen, um dieses Buch zu schreiben. Dabei habe ich auf Fußnoten verzichtet, damit dieser Ratgeber nicht wie eine wissenschaftliche Arbeit aussieht und weil oft viele verschiedene Quellen dieselben Informationen enthalten. Oft verrät aber schon der Titel der hier aufgeführten Quelle, für welche Passage dieses Buches sie eine der Grundlagen war.

- Bad Girls Bible: 13 deeply intense bondage positions for your next BDSM scene. Online unter http://badgirlsbible.com/bondage-positions
- BDSM Backroom: Bondage Lesson. Online unter http://www.bcwsd.com/backroom/library/articles_us/bkurs01.htm
- BDSM Café: Ropes for Pleasure – Use of Rope in Bondage Practices. Online unter https://bdsmcafe.com/resources/bdsm-activities-guides-tutorials/ropes-for-pleasure-in-bdsm
- BDSM Wiki: Beginner Rope Bondage. Online unter http://www.bdsm-wiki.info/Beginner_Rope_Bondage
- Brame, Gloria: Come Hither: A Commonsense Guide to Kinky Sex. Fireside 2000
- Christian, M.: Alternatives to Rope Bondage: When Not to Tie One On. Online unter https://www.kinkly.com/alternatives-to-rope-bondage-when-not-to-tie-one-on/2/17019
- Easton, Dossie und Hardy, Janet: The New Bottoming Book. Greenery Press 2001
- Fournier, Anabelle Bernard: How to Choose the Right Rope for Bondage Play. Online unter https://www.kinkly.com/2/13437/sex-tips/bdsm/how-to-choose-the-right-rope-for-bondage-play
- Gentledom: Womit fixiert man eigentlich (richtig)? Online unter http://gentledom.de/grundlagen/bdsm-anleitung/bd-ohne-knotenkuenste
- Gift, Potter: Naughty Knots. Potter Style 2013

- Harris, Stella: 8 Bondage Sex Positions from Simple to Extreme. Online unter https://www.kinkly.com/8-bondage-sex-positions-from-simple-to-extreme/2/14792
- Harris, Stella: The Ins and Outs of Rope Bondage. Online unter https://www.kinkly.com/2/1355/beyond-missionary/bdsm/the-ins-and-outs-of-rope-bondage
- Henkin, William und Holiday, Sybil: Consensual Sadomasochism. How to Talk About It and How to Do It Safely. Daedalus Publishing Company 1996
- Hoffmann, Arne: Lustvolle Unterwerfung. Marterpfahl 2004
- Hoffmann, Arne: Fessle mich! Mvg 2012
- Hoffmann, Arne: SM-Lexikon. Passion Publishing 2011
- Lazy Domme: Predicament Bondage. Online unter http://lazydomme.blogspot.de/2012/04/predicament-bondage.html
- Lord Morpheous: Bondage Basics. Fair Wind Press 2015
- Masters, Peter: Bondage. Online unter https://www.peter-masters.com/wiki/index.php/Bondage
- Masters, Peter: Practical Mummification. Online unter https://www.peter-masters.com/wiki/index.php/Practical_Mummification
- Masters, Peter: Practical Predicament Bondage. Online unter https://www.peter-masters.com/wiki/index.php/Practical_Predicament_Bondage
- Masters, Peter: Rope Bondage. Online unter https://www.peter-masters.com/wiki/index.php/Rope_bondage
- Medical Toys: Mummification. Online unter http://www.medicaltoys.com/lib-mummification.htm
- Melbourne Doctor: Bondage. Online unter http://collarncuffs.com/resources/doku.php?id=bondage
- Miller, Philip und Devon, Molly: Screw the Roses, Send Me the Thorns: The Romance and Sexual Sorcery of Sadomasochism. Mystic Rose Books 1995
- Miss Bitch: Introduction to Bondage safety. Online unter http://collarncuffs.com/resources/doku.php?id=bondage_safety
- Miss Bitch und Miss Bonnie: Mummification. Online unter http://collarncuffs.com/resources/doku.php?id=mummification
- Miss Bonnie: One of the most interesting BDSM plays remains self-bondage. Online unter http://collarncuffs.com/resources/doku.php?id=self_bondage2

- Miss Bonnie: What Type of Ropes. Online unter http://collarncuffs.com/resources/doku.php?id=what_rope
- Mistress Kay: 7 Steps for Choosing a Mouth Gag. Online unter https://www.kinkly.com/2/8568/sex-toys/7-steps-for-choosing-a-mouth-gag
- Mistress Kay: 7 Tips for Choosing Bondage Rope. Online unter https://www.kinkly.com/2/13918/sex-toys/buyers-guides/7-tips-for-choosing-bondage-rope
- Mistress Kay: 6 Steps for Choosing Bondage Restraints. Online unter https://www.kinkly.com/2/8170/sex-toys/6-steps-to-choosing-bondage-restraints
- Morpheus: How to Be Kinkier. Green Candy Press 2012
- Nan: Stress in Play with Predicament Bondage. Online unter https://submissiveguide.com/fundamentals/articles/stress-in-play-with-predicament-bondage
- Nerve: The Big Bang. Plume 2003
- N.N.: Like Ra's Naughty Playground. Online unter https://www.likera.com
- Peters, Jonathan: Tips on Self-Bondage. Online unter http://www.unrealities.com/adult/ssbb/ap2.htm
- Rinella, Jack: An Intro Course in Basic Bondage. Online unter https://bdsmcafe.com/resources/bdsm-activities-guides-tutorials/intro-course-basic-bondage
- Robyn: Bondage Rope 101 – 12 Useful Tips and Extensive Rope Rundown. Online unter https://de.lovense.com/bdsm-blog/bondage-rope
- Robyn: BDSM Restraints 101 – Hogtied and Happy for Beginners. Online unter https://de.lovense.com/bdsm-blog/BDSM-Restraints
- Sharkey, Lorelei: The Mistress Manual. Greenery Press 2000
- Spanking Art: Lines on the floor. Online unter http://spankingart.org/wiki/Lines_on_the_floor
- Spanking Art: Mental Bondage. Online unter http://spankingart.org/wiki/Mental_bondage
- Stein, David und Sommers, Richard: »Doing It Yourself«. Online unter http://collarncuffs.com/resources/doku.php?id=self_bondage
- Sutra, Cara: Beginner's Guide to Bondage Sex Toys And Fetish Gear. Online unter http://carasutra.com/2014/04/beginners-guide-bondage-sex-toys-fetish-gear
- Taormino, Tristan: 50 Shades of Kink. Cleis Press 2014

- Taormino, Tristan: The Ultimate Guide to Kink. Cleis Press 2012
- The Art of Submission: Bondage and Restraints 101. Online unter http://theartofsubmission.com/lesson/bondage-restraints-101
- Warren, John und Libby: The Loving Dominant. Greenery Press 2008
- Wiseman, Jay: Tricks to Please a Woman. Greenery Press 2002
- Wiseman, Jay: SM 101: A Realistic Introduction. Greenery Press 1998
- You Only Wetter: All Wrapped Up! Wrapping Choices With Mummification Part 2. Online unter http://youonlywetter.co.uk/blog/2017/11/19/wrapped-wrapping-choices-mummification-pt2
- Zandrock: BDSM 101 -- Gags. Online unter https://www.edenfantasys.com/sexis/sex-health/bdsm-101-gags
- Zandrock: BDSM 101 -- Predicament Bondage. Online unter https://www.edenfantasys.com/sexis/sex-and-relationships/bdsm-101-predicament
- Zandrock: BDSM 101 -- Mummification. Online unter https://www.edenfantasys.com/sexis/sex-and-relationships/bdsm-101-mummification
- Zandrock: BDSM 101 -- Rope Bondage. Online unter https://www.edenfantasys.com/sexis/sex-and-relationships/bdsm-101-rope-bondage
- Zandrock: BDSM 101 -- Self Bondage. Online unter https://www.edenfantasys.com/sexis/advice/bdsm-101-self-bondage

Die Zitate stammen aus folgenden Quellen:

- S. 86: Medical Toys: Mummification. Online unter http://www.medicaltoys.com/lib-mummification.htm Abgerufen am 14. Februar 2019. Eigene Übersetzung.
- S. 98: Spanking Art: Lines on the floor. Online unter http://spankingart.org/wiki/Lines_on_the_floor Abgerufen am 14. Februar 2019. Eigene Übersetzung.
- S. 107: Lazy Domme: Predicament Bondage. Online unter http://lazydomme.blogspot.de/2012/04/predicament-bondage.html Abgerufen am 14. Februar 2019. Eigene Übersetzung
- S. 119: Stein, David und Sommers, Richard: »Doing It Yourself«. Online unter http://collarncuffs.com/resources/doku.php?id=self_bondage Abgerufen am 14. Februar 2019. Eigene Übersetzung